体育心理学教学案例

孙国晓　编著

山东大学出版社
SHANDONG UNIVERSITY PRESS
·济南·

图书在版编目(CIP)数据

体育心理学教学案例 / 孙国晓编著. —济南:山东大学出版社,2023.6

ISBN 978-7-5607-7852-5

Ⅰ.①体… Ⅱ.①孙… Ⅲ.①体育心理学—教案(教育) Ⅳ.①G804.8

中国国家版本馆 CIP 数据核字(2023)第 096519 号

策划编辑 徐 翔
责任编辑 毕玉璇
封面设计 张 荔

体育心理学教学案例
TIYU XINLIXUE JIAOXUE ANLI

出版发行 山东大学出版社
社 址 山东省济南市山大南路 20 号
邮政编码 250100
发行热线 (0531)88363008
经 销 新华书店
印 刷 山东和平商务有限公司
规 格 720 毫米×1000 毫米 1/16
11 印张 200 千字
版 次 2023 年 6 月第 1 版
印 次 2023 年 6 月第 1 次印刷
定 价 65.00 元

前　言

本书围绕专题设置教学案例。依托《体育心理学》课程教学，推进专题研讨式教学，以典型范例与实例贯穿全书，采用引导式教学方法和手段，围绕实例，引导学生积极思考、相互交流和协作，培养学生的自学能力、创新精神和合作意识，力求真正将“以学生为中心”的教育教学理念落实到位。

本书的编写有两个特点。第一，兼顾前沿进展与实践应用。本书围绕体育心理学相关专题，精选了体育心理学案例逾百例，既包括作为研究案例的前沿科学研究成果，又包括具有较强可操作性的应用案例，使教材兼具学术性与实践性，有助于提高学生的科学研究素养和综合实践能力。第二，以读者为本。本书内容以案例为主，使学生感到易学，教师感到好教。本书不仅适合体育学专业本科生和研究生使用，还适用于广大心理学、教育学等相关专业师生和大众心理学爱好者阅读参考。

本书几乎涵盖了目前体育心理学在竞技运动、体育教育和大众锻炼三大领域中所有的理论探索和应用实践，可使背景不同、需求不同的读者各取所需。教材内容体现了课程及教学改革，有助于提高教学效率及教学效果。本书共包括 16 章内容，包括了体育心理学的 16 个主要研究专题，包括运动兴趣与动机、焦虑与运动表现、运动归因、运动智力与人格、运动认知、运动技能学习、运动损伤与康复、体育锻炼的心理效应、团队凝聚力、领导行为、社会效应、攻击行为等。本书包括体育心理学研究和应用案例逾百例，每个章节均包括若干研究和应用案例，反映了体育心理学的前沿成果和实践范例。

本书中个别外文单词或字母缩写暂无正式中文译名，为避免讹误，未翻译为中文。

本书的整理工作得到了徐珊珊、付田田、姚连强、田丝雨、马志遥、余金蓉等同学的帮助，在此一并表示感谢！在本书的撰写过程中，借鉴了部分学者、专家的研究成果，已在参考文献中一一列出，在此谨向他们表示衷心的感谢！由于作者学识有限，书中或有疏漏，恳请读者指正。

孙国晓

2023 年 1 月 8 日

目 录

第一章 运动兴趣与运动动机

本章围绕运动兴趣与运动动机专题选取了三个研究案例，分别论述专业运动员的运动动机、普通大学生的体育活动动机和体育专业学生的运动动机，这些研究案例主要采用了问卷调查法，将为体育心理学理论工作者提供研究范式和方法借鉴。本章还选取了三个应用案例，分别分析了运动动机对运动员竞赛心理状态的作用，运动动机在运动技能形成中的作用，如何通过合理设置体育活动中的目标来提高运动动机，为体育心理学实践工作者、体育教师、教练员等提供应用参考。

一、研究案例

案例 1 运动动机的动态交互模型

Tušak 等人于 2022 年开展了一项研究，旨在形成运动动机的动态交互模型。他们试图将不同的动机模型升级为一种独特的运动动机元模型，以解释运动情境中可能的行为和动机。共有 357 名斯洛文尼亚运动员参与了该研究，均为男性。其中，168 名精英运动员（斯洛文尼亚国家队代表，涉及项目包括足球、手球、冰球、水球、跳台滑雪、高山滑雪、运动攀登和柔道），年龄为 17～30 岁；189 名青少年运动员（他们在体育俱乐部练习和训练至少三年），年龄为 12～14 岁。研究者定义了四个子样本，即个人运动精英运动员（$N=80$）、团体运动精英运动员（$N=88$）、个人运动青少年运动员（$N=70$）、团体运动青少年运动员（$N=119$）。

Tušak 等人测量了成就动机、激励动机、参与动机、目标导向、运动满意度和愉悦感、能力、努力及自我效能归因等不同的动机概念。例如，采用李克特五点量表测量个体对能力、努力和自我效能的感知。其中，一个题目测量能力，即

“你在比赛中取得的成绩在多大程度上是你能力的结果”，重测信度 $r=0.79$；两个题目衡量努力，包括“你在比赛中尝试多大强度”以及“你在比赛中付出多少努力”；两个题目测量自我效能感，包括“在你的运动中，你认为你的竞争力有多大”以及“你的运动学科有多好”。努力条目以及自我效能感条目的克隆巴赫 α 系数(Cronbach's α)分别为 0.75、0.77，内部一致性较好。

本研究结果揭示了上述四个运动员群体在自我效能感、成就动机、愉悦感等方面的重要差异。因子分析和判别分析用于建立运动动机模型。最终，形成了包含成就取向和个体特征、自我调节机制和认知中介变量、内部成就动机、外部成就动机、一般激励动机、特定激励动机等要素的运动动机动态交互模型。该研究指出，未来研究应在社会认知视角、成就动机方式、动态交互过程等方面进一步研究评估该模型。

参考文献

TUŠAK M, CORRADO D D, COCO M, et al. Dynamic interactive model of sport motivation [J]. International Journal of Environmental Research and Public Health, 2022, 19(7): 4202.

案例 2　大学生的体育活动动机

尽管积极的生活方式能带来许多明显的好处，但缺乏身体活动是大学生群体的一个重大健康问题。身体活动研究的关键问题是可以加深对动机的理解。尽管有多种参与身体活动的形式，但大多数旨在增强身体活动动机和坚持的研究都集中在锻炼行为上，而忽略了运动参与。鉴于此，Kilpatrick 等人于 2005 年开展了一项研究，以调查大学生运动参与和锻炼的动机。美国东南部一所大学的 233 名学生(包括 132 名女性与 101 名男性)参与了此次研究，他们的年龄在 18～47 岁($M=22.2$，$SD=4.8$)。

首先，参与者提供了他们身体活动行为的描述性信息，即对测量频率、持续时间、强度和坚持性的四个单项指标做出回应。参与者对每个指标做出两次回应，一次与锻炼行为有关，一次关注运动参与。频率题目为“请您说明每周参加运动或锻炼的天数”，采用 8 级量表从 0～7 分进行评分；持续时间题目为“请您说明进行典型运动或锻炼的持续时间”，采用 6 级量表从 1～6(1 级指 0～15 分钟，6 级指 90 分钟以上）进行评分；采用 Borg 类别比率量表测量对于运动强度的感知努力程度，即“请您说明进行典型运动或锻炼的平均努力程度”，运用 11 级量表进行评分，评分范围从 0 分（没有努力）到 10 分（完全最大努力）；坚持性题目为“请说明您有多久一直连续参加运动或锻炼（至少每周 3 次）”，采用 6 级量表进行评分，范围从 1 分（0～3 个月）到 6 分（5 年以上）。

然后，Kilpatrick 等人对参与者的身体活动参与动机进行测量。参与者完成了由 Markland 和 Ingledew 开发的 EMI-2 的两个修订版本。EMI-2 由 14 个分量表的 51 个条目组成，每个分量表都反映了身体活动参与的不同动机。不同的动机主题包括归属感、外貌、挑战、竞争、娱乐、健康压力、避免健康不良、敏捷性、积极健康、振兴、社会认可、力量和耐力、压力管理、体重管理。采用6 级量表，从 0（“对我来说不正确”）到 5（“对我来说非常正确”）进行评分。最初的 EMI-2没有明确定义身体活动。因此，Kilpatrick 等人对原量表进行了修订，明确了运动和锻炼的概念：运动是“受正式或非正式规则支配的、涉及与对手或自身竞争的身体活动”，运动项目包括网球、篮球、垒球、足球等；锻炼是“涉及足够强度、持续时间和频率，以达到或保持健康或其他运动目标的一种身体活动形式”，锻炼项目包括有氧运动、骑自行车、划船、举重训练等。修改后的 EMI-2 各分量表的内部一致性测量表明，对工具所做的修改没有影响因子效度。运动版的 α 值（$\alpha_{m}=0.85$，$\alpha_{范围}=0.69\sim0.95$）和锻炼版的 α 值（$\alpha_{m}=0.82$，$\alpha_{范围}=0.67\sim0.95$）符合公认标准。参与者针对运动和锻炼版本分别进行了作答。

结果显示，参与者参加锻炼比运动更加频繁，参与运动的强度比锻炼更大，而持续时间及坚持性没有显著差异。此外，研究结果表明，参与者参与运动的动机不同于参与锻炼的动机。运动参与的主要动机为竞争、归属感、娱乐和挑战，趋向于内部动机；而参与锻炼的主要动机为健康和外貌相关动机，趋向于外部动机。这些发现表明，参与运动的动机比锻炼的动机更可取，并且有助于促进个体坚持参与身体活动。

参考文献

KILPATRICK M，HEBERT E，BARTHOLOMEW J. College students' motivation for physical activity：Differentiating men's and women's motives for sport participation and exercise[J]. Journal of American College Health，2005，54(2)：87-94.

案例3 体育专业学生的运动动机

为考察三个不同国家的体育专业学生参加体育活动的动机差异，Kondric等人于2013年开展了一项研究，目的有三。其一，建立体育专业学生动机类型的潜在结构；其二，探究来自三个不同国家的体育专业学生参与体育运动的动机差异；其三，考察三个国家体育专业学生参与体育活动的年龄和性别差异。他们对来自斯洛文尼亚、克罗地亚和德国的390名体育专业学生进行了抽样调查，其中包括262名男生(59.1%)、128名女生(28.9%)，平均年龄为23岁。

研究者运用参与动机问卷对参与学生开展调查。该问卷包括30个题目，测量学生参与体育活动的可能原因，采用李克特5级分级法进行评分("1"指一点也不重要，"5"指非常重要)。问卷包括成就/地位、团队氛围、健身、能量释放、技能发展、友谊和乐趣等维度。前人研究发现，该问卷各维度的内部一致性良好($\alpha_{范围}=0.63\sim0.89$)。运用SPSS软件(版本19.0)对收集的数据进行统计分析。

为建立体育专业学生动机类型的潜在结构，Kondric等人首先进行了因子分析，6个因子被提取出来，方差解释率为62.69%。体育专业学生动机类型的潜在结构由6个因素组成，分别是与朋友的体育活动、人缘、健身与健康、社会地位、体育赛事、运动放松。此外，研究发现，在年龄方面，来自三个不同国家的所有体育专业学生参加体育活动的动机没有显著差异，而在性别方面存在显著差异。该研究得出的结论是：对于男性而言，运动可能是提升人缘的工具；而对于女性而言，运动更算一种休闲放松方式。该研究有助于更好地理解不同的动机取向(尤其是内在动机)与运动参与的关系，帮助那些处于领导位置的人(如教练、教师等)制定相应策略，促进运动参与。在自我决定理论的背景下，鼓励学生发展更多体育运动参与的自主动机，而不是受控制的和非个人的动机。

参考文献

KONDRIC M, SINDIK J, FURJAN-MANDIC G, et al. Participation motivation and student's physical activity among sport students in three countries[J]. Journal of Sports Science & Medicine, 2013, 12(1):10-18.

二、应用案例

案例1　运动动机与运动员竞赛心理状态的关系

案例

一位教练发现，在自己的队伍中，一位高水平运动员在面对其他高手时，往往能够在赛前表现得十分从容，在竞赛过程中也可以充分展现自身的竞技水平并取得赛事的胜利。但是，当他在面对初生牛犊不怕虎的小将时，赛前却往往表现出紧张焦虑，并在比赛过程中频频失误，最终失利。当教练询问高水平运动员和小将两人在比赛前和比赛中的心理过程时，高水平运动员回答教练："比赛前只想着我一定不能输，所以在比赛过程中出现一点问题我就越来越紧张。"小将的回答则是："我比赛前只想着要是能赢了高水平运动员那可真的太厉害了，我一定要赢！比赛过程中想着，自己赢的可能性越来越大，人就越来越兴奋。"

问题分析

两位运动员的运动动机不同，高水平运动员只想着不能输，运动动机倾向于回避失败。而小将却一直想着一定要赢，运动动机更倾向于追求成功。不同的运动动机倾向使得两位运动员赛前和竞赛过程中的心理状态产生了巨大差异，影响了比赛结果。

原因分析

追求成功动机和回避失败动机是两种相对的动机取向。追求成功动机是一种积极的心理定向，倾向于追求成功动机的运动员往往更加重视自身水平的发挥，并且能够更为客观地认识外界压力，这些使得他们能够在比赛中表现出较高水平的生理和心理能量。回避失败动机是一种消极的心理定向，倾向于回避失败动机的运动员往往更加关注如何避免比赛的失败，在遇到问题时也更加倾向于采取消极的回避策略，这些使得他们产生了明显的焦虑情绪，在遇到应激刺激时更容易出现慌乱、紧张等行为表现。

解决方式

第一，教练员应在赛前多关注运动员的运动动机，将运动员的动机引向更加积极的追求成功取向。

第二，运动员应在赛前和竞赛过程中做好自我定位，无论参加哪一类级别的赛事，无论对手是谁，都要避免产生消极的避免失败动机取向，要以追求成功的动机取向面对各级各类赛事。

参考文献

[1]祝大鹏，胡亦海，高平，等.我国优秀女子跆拳道运动员赛前心理状态及其关系研究[J].山东体育学院学报，2013，29(2)：42-48.

[2]祝大鹏，胡亦海，余银，等.我国优秀男子拳击运动员赛前心理状态及其关系研究[J].北京体育大学学报，2013，36(5)：78-82，88.

案例 2　如何通过合理设置体育活动目标提高学生运动兴趣

案例

某校乒乓课，体育教师在课前给队员们设置新学期目标，要求所有学生巩固上学期所学技术，要有所进步，此外学习正手挑打技术，最终考试要求击球上台率达到 80%。该教师随后讲解技术要领，带领学生练习，但此后一学期乒乓球课都由学生自由练习。最终全班仅有个别有基础的同学考试及格。

问题分析

体育教师设置新学期目标本是为了提高学生学习积极性和运动兴趣，促进学生课堂参与。但由于设置的目标对于大多数同学而言难以完成，且缺乏指导，使得最终学生学习效果不好，导致考试成绩不佳。

原因分析

导致考试成绩不佳、学生运动兴趣不高的原因是该体育教师目标设置不当。目标设置理论由美国心理学教授 Ediwin A. Locke 提出，该理论认为：目标本身具有激励作用，能够把人的需要转变为动机，推动人们朝着一定的方向努力，并及时调整和修正自己的行为，使得结果趋向于既定目标。体育活动中的目标设置是指根据学生的体育能力和运动水平，明确一定时间内所要达成的体育学习和身体锻炼目标，以及实现目标所采用的步骤、时间安排等。

首先，该教师为学生设置的目标包括对已学知识的巩固和新知识的学习。对于上学期已学知识，该教师要求所有学生巩固上学期所学技术，要有所进步，但该目标过于模糊、不明确，学生在实现目标过程中没有明确练习标准，目标推动效应较低；对新知识的目标，该教师要求正手挑打击球上台率达到80%，由于该技术属于乒乓球中较难技术，80%上台率对于初学者有较高难度，因此该目标设置的难度过高，容易削弱学生动机程度，进而削弱学生努力程度，影响最终学习效果。此外，教师在设置目标后并没有安排详细的教学过程，仅传授知识后让学生自由练习，学生的学习积极性和有效性得不到保障，同样影响最终成绩。

解决方式

目标设置要准确、具体化，不应笼统、模糊；目标设置难度要适宜且因人而异，教师应根据学生运动水平合理设置不同目标，避免目标过高影响学生学习积极性；设置短期目标而非长期目标，短期目标有利于学生自我检查，发现不足，避免懈怠；教师要给予适当反馈，应根据学生学习情况及时反馈，帮助学生完成既定目标，从而提高学生的自我效能感，推动目标完成。此外，还可加入适当竞争，有助于完成既定目标和设置更高目标。

参考文献

[1]于晶，崔野.体育运动中的目标设置理论研究述评[J].体育学刊，2005(4):46-49.

[2]辛宪军.目标定向及目标设置理论在乒乓球教学中的应用研究[J].广州体育学院学报，2010，30(2):94-98.

[3]LOCKE E A, LATHAM G. The application of goal setting to sports[J]. The Journal of Sport Psychology, 1985, 7(3): 205-222.

案例3　运动动机与运动技能形成的关系

案例

在篮球训练班中，有的学习者是被父母强迫参加，在学习期间多次出现不遵循教练安排、训练怠慢、比赛消极等现象，因此篮球技术提升缓慢；而有的学习者本人喜欢篮球运动，想要提高自己的运动能力，因此在学习过程中十分专注，充分参与并享受比赛，进步迅速。那么，导致这种情况的原因是什么？

问题分析

学习前的目的不同导致运动学习期间的效果不同，形成不同的运动动机，会加速或延缓运动技能形成，甚至影响运动成绩。

原因分析

运动动机是推动学生参与运动学习和体育活动的内部心理动因，学生在学习中，在外部环境诱因影响下产生对体育运动的内部需要，从而生成运动动力，提高运动学习效果。在父母强迫下参与运动学习，可能是在物质奖励或外在惩罚的影响下产生一定的外部动机，但该类动机持续时间较短，推动力较小，因此该学生在练习过程中的努力和坚持程度不足。相反，出于自身喜爱原因的同学期望借助篮球训练班来提高运动技能并强身健体、展示自我，因而具有较强的内部运动动机。较高的内部动机使学生产生较强的运动动力，提高了其运动学习效果，而运动学习成绩提高反过来可以提高学生运动乐趣、满足感等，从而形成积极的正向循环。

解决方式

教练员在授课过程中需充分重视运动动机的培养与激发。对于内部动机欠缺的学生，应采取合适方法提高内部动机，如发挥篮球运动的技巧性、竞争性、集体性等特点，令学生体验到成功、胜利、刺激等情绪，激发运动的内在动力。此外，教练员在上课过程中需格外注意对学生的及时反馈评价，采取多种形式使学生对自己的学习进度有所了解，如客观性评价、阶段评价等。学生看到自己的进步和不足后会增加学习的热情以及上进心，积极投入到接下来的学习中。

参考文献

[1]熊明生,周宗奎.国外儿童青少年身体活动与运动动机研究述评[J].武汉体育学院学报,2008(1):62-67.

[2]陈善平,李咸生,容建中.大学生体育锻炼的内部动机和外部动机[J].中国体育科技,2008(4):135-138,143.

[3]RYAN R M, VALLERAND R J, DECI E L, et al.体育运动中的内部动机——认知评价理论的解释[J].北京体育学院学报,1992(4):98-103.

[4] MOLANOROUZI K, KHOO S, MORRIS T. Motives for adult participation in physical activity: Type of activity, age, and gender[J]. BMC Public Health,2015,15:66.

第二章　应激、唤醒、焦虑与运动表现

本章围绕应激、唤醒、焦虑与运动表现的关系问题，选取了五个研究案例和三个应用案例。研究案例分别论述了田径运动员赛前焦虑状态及其与运动表现的关系、唤醒水平对于最大力量和电子竞技表现的影响，为竞技运动心理学研究者提供了研究设计和方法借鉴。应用案例分析了运动员赛前焦虑与运动表现的关系，基于"Choking"现象的案例阐述了如何应对运动员大赛发挥失常，并分享了篮球运动员的应激与比赛成绩的案例。

一、研究案例

案例 1　精英运动员在比赛中的压力源

Mellalieu 等人在 2009 年考察了精英运动员和非精英运动员在比赛环境中遇到的表现和组织压力。研究的主要目的是探究精英和非精英体育运动员在竞赛环境中遇到的竞赛压力源，次要目的是比较精英运动员和非精英运动员的压力源。12 名运动员被邀请参加这项研究，他们的年龄为 19～56 岁（$M=23.67$，$SD=10.32$）。其中，6 名参与者符合精英运动员标准，因为他们参加了主要的国家锦标赛和国际锦标赛（3 名女性参加了赛艇运动、曲棍球和游泳比赛，另外 3 名参与者是男性，参加了斯诺克、橄榄球和山地自行车比赛）。其余 6 名参与者均为非精英运动员，包括 3 名女性（专项为足球、冲浪救生运动和网球），以及 3 名男性（专项为足球、羽毛球和曲棍球）。所有参与者均提供了自愿的书面知情同意书。

为了确定比赛前一小时内出现的压力源，研究者根据现有竞赛压力相关文献开发了一份采访指南。该指南包含两个主要部分，即表现压力源和组织压力源。表现压力源部分涵盖了与身体准备、心理准备、技术准备、战术准备、伤病、目标、表现问题、压力、自我展示和对手有关的主题。组织压力源部分侧重于教练、队友、竞争环境以及媒体和时间需求等外部因素。研究者对两名精英运动员和两名非精英运动员进行了采访指南的试点研究。这些访谈的目的是确保访谈指南涵盖所有可能导致竞赛压力的问题，并进一步使研究人员能够练习和完善访谈技巧。所有访谈都是面对面进行的，在这个过程中进行录音，持续时间为 90～120 分钟。每次采访都是在每个运动员的竞赛季内进行的，并且在远离竞争环境的情况下进行，为了尽量减少偏见。使用半结构化访谈，每个人都被引导回答一组相同的问题，这些问题以类似的方式被提出。而且，该指南的结构保持了足够的开放性和灵活性，以允许探索以前研究未识别的因素。根据巴顿对进行面谈的建议，阐释（如“我不完全确定您的意思，可以请您再讲一遍吗?”），详细说明（如“您能更详细地解释一下吗?”）和概括（如“这有什么影响?”），来更深入地调查问题。在每个部分的最后，受访者都被问及对于刚刚讨论的内容是否还有可补充内容。采访的录音带在转录后生成了 576 页的文字。通过归纳和演绎内容分析对数据进行分析并对两名调查员的分析进行交叉检查和交叉验证。此外，研究者还纳入了比较定量分析。该程序记录精英和非精英运动员报告的表现压力源和组织压力源的数量，并辅以频率分析。

最终，提出的框架确定了五种表现压力源（即准备、受伤、期望、自我展示和竞争）和五种组织压力源（即运动内在因素、运动组织中的角色、运动关系和人际需求、运动生涯和表现发展问题以及运动的组织结构和氛围）。精英运动员与非精英运动员报告的表现和组织压力源数量相似，有些需求是共有的，有些需求是每个群体独有的。尽管研究结果表明，在比赛之前体育运动员遇到的与表现相关的压力比来自组织的压力要多，但这些观察结果强调，在准备和实施管理比赛压力的干预措施时，应考虑运动员面临的所有需求。

参考文献

MELLALIEU S D, NEIL R, HANTON S, et al. Competition stress in sport performers: Stressors experienced in the competition environment[J]. Journal of Sports Sciences, 2009 ,27(7):729-744.

案例 2　大学生田径运动员的赛前焦虑与运动表现研究

焦虑与运动表现之间存在着密切联系。Turner 和 Raglin 开展了一项研究，采用倒 U 形假说和最佳功能区理论检验焦虑对运动表现的影响。这项研究的参与者是美国印第安纳大学男子田径队（$N=40$）和女子田径队（$N=27$）的成员，平均年龄为 20.8 岁（$SD=1.1$）。

状态-特质焦虑量表（STAI-Y）的状态焦虑分量表被用于焦虑评估。量表包含 20 个条目，采用李克特 4 点计分，分数范围为 20～80 分不等，用于评估状态焦虑，或一个人在特定时刻经历的焦虑程度。最佳功能区采用追溯性回忆技术确定。在这种情况下，采用状态焦虑量表向运动员呈现指令，让其根据他们在最佳田径表现之前回忆的感觉做出回答。在涉及长跑运动员和其他运动员的前人研究中发现，女性和男性运动员均可以准确回忆几个月前举行的特定比赛相关的焦虑。为了确定运动员赛前焦虑回忆的准确性，Turner 和 Raglin 进行了以下试点研究。印第安纳大学田径队的 16 名成员（7 名女性，9 名男性）完成了修改答题说明后的状态焦虑问卷，受试者根据他们于 22 个月前参加的比赛的赛前感觉做出回答。同时，获得了此次比赛每名运动员的实际赛前焦虑值。结果表明，回忆和实际赛前焦虑之间的 Pearson 积矩相关性为 0.86（$p<0.001$）。独立样本 t 检验表明，回忆的赛前焦虑和实际赛前焦虑的平均值没有显著差异，证明了回忆赛前焦虑的有效性。

在赛季开始之前，受试者完成了“回忆版”状态焦虑问卷，确定了每个人的最佳功能区域。共评估了 4 场田径比赛，参与者于每场比赛前 1 个小时完成标准版状态焦虑问卷，用于确定每个人的实际赛前状态焦虑。将这些赛前焦虑分数与回忆的最佳分数结合，以确定每个运动员在特定比赛期间是否处于自己的最佳功能区内，以及受试者是否处于倒 U 形假说确定的最佳焦虑范围内。为了确定最佳功能区对表现的影响，根据实际得分和最佳得分之间的对应关系对参与者进行分组。实际焦虑值落在他们自己的最佳功能区范围内的运动员被列入内部组，焦虑值高于或低于最佳功能区，列为外部组。同时研究了倒 U 形假说的三种最佳状态焦虑界定，即特定任务焦虑（同一运动项目中等焦虑范围之内或者之外）、个体化赛前焦虑（中位数）以及平均赛前焦虑。

对收集的数据进行统计分析，研究结果显示，根据倒 U 形假说的标准，具有最佳焦虑水平的受试者的表现并不比最佳水平以外的受试者的表现更好。在所有对比中，赛前焦虑在个人最佳功能区内的受试者的表现明显优于在最佳功能区外的受试者。当焦虑水平在最佳功能区以上或以下 1 个标准差范围内时，表现下降最大。这些结果表明，最佳功能区理论比所检查的倒 U 形假说更有效。

参考文献

TURNER P E, RAGLIN J S. Variability in precompetition anxiety and performance in college track and field athletes[J]. Medicine & Science in Sports & Exercise, 1996, 28(3):378-385.

案例 3　唤醒水平对运动员最大力量表现的影响

最佳唤醒模型指出，高唤醒水平有助于抑制运动表现，而逆转理论则强调人类行为的复杂性、易变性和矛盾性，认为个体会因为动机状态不同而在不同的心理状态间进行经常性的逆变。高唤醒水平可解释为兴奋，亦可解释为焦虑；低唤醒水平可解释为放松，亦可解释为单调，这依赖于人的元动机状态。在以目标定向为特征的有目的的元动机状态下，高唤醒水平是一种消极的情绪(焦虑)，而在以活动定向为特征的无目的的元动机状态下，高唤醒水平是一种积极的情绪。逆转是指从一种元动机状态转化为另一种元动机状态。阿普特以参加冒险性运动项目(如登山或跳伞)为例说明人的心理逆转，危险会激发运动员的高唤醒水平。这种高唤醒水平在有目的的元动机状态下产生的是焦虑情绪；当危险被控制时，这种焦虑情绪会突然逆转为在无目的的元动机状态下的高唤醒，即兴奋。心理的逆转会引起人的情绪状态突然发生变化，从而影响运动成绩。前一种情况使运动成绩下降，后一种情况使运动成绩提高。为了验证这些说法，Perkins 等人于 2001 年开展了一项研究检验提高的唤醒水平和情绪对运动员最大力量表现的影响。

参与者为 28 名州和(或)国家锦标赛水平的精英运动员(22 名男性，6 名女性)，年龄在 16～39 岁($M=20.3$，$SD=5.5$)。他们被选中是基于所参与的爆发性运动项目，这些运动通常需要短时间内的最大力量，如铅球、标枪、举重、100～400 米跑道跑。每个参与者单独进行测试，他们坐在椅子上，通过电极导线连接生理记录设备。操纵每分钟 10 次和 20 次呼吸来控制生理唤醒水平：控制呼吸频率是一种被广泛接受且能有效改变生理和心理唤醒的技术。以每分钟10次和20次的呼吸起搏率进行基线测量。然后要求参与者闭上眼睛,根据起搏音保持呼吸,并听研究者阅读脚本(每次持续60～80秒),同时记录生理数据。脚本有两个,一个是有目的条件的脚本,让参与者参与严肃的、以目标为导向的行为,其中后果和结果是最重要的;另一个是超目的条件的脚本,在这种体验中,参与者全神贯注于自身正在做的事情,过程集中,压力、目标和结果相对不重要。在每个脚本完成后,参与者睁开眼睛,拿起测力计尽可能用力平稳地挤压3秒或4秒来测量握力。然后完成心理/情绪状态评分。除了有目的和超目的脚本之外,研究者还使用了一个阅读由20个常用名词列表所组成的中性脚本作为实验对照,研究者使用其他呼吸起搏频率重复该过程。通过这种方式,参与者在每分钟10次和20次呼吸时分别完成了基线和3次实验,在6个实验条件之间,允许有2～3分钟的休息时间,以减少身体疲劳以及情绪和生理遗留的可能性。实验结束后,对生理记录、握力测量值、情绪评估值等数据进行处理分析。

研究结果显示,相较于有目的条件及中性条件,运动员在超目的条件诱导后表现出最大的握力表现,支持了先前的逆转理论研究,这些研究发现了高积极性唤醒和增强表现之间的关联。此外,与逆转理论原理一致,参与者在有目的条件诱导期间产生了更大程度的焦虑,在超目的条件诱导期间经历了更大程度的兴奋。与预期相反,运动表现并没有因超目的条件下唤醒水平的增加而增强,也没有因有目的条件下唤醒水平的增加而降低。虽然呼吸频率的增加明显提升了生理唤醒水平,但呼吸频率对力量表现没有影响。此外,在测量的生理变量和力量表现之间没有发现关联。研究结果表明,积极的高水平唤醒对于短期内需要最大力量的运动表现而言,可能是有效的。

参考文献

PERKINS D, WILSON G V, KERR J H. The effects of elevated arousal and mood on maximal strength performance in athletes[J]. Journal of Applied Sport Psychology, 2001, 13(3):239-259.

案例 4　皮质醇、心流和焦虑对电子竞技表现的影响

大多数表现理论都是在受控的实验室环境下测试的，转移到现实生活中的情况有限。电子竞技比赛提供了一个相对可控的同时比赛环境。因此，Steffen 等人在此背景下探讨不同的影响因素对竞技表现的影响。样本包括 19 名男性和 4 名女性参与者，平均年龄为 23.7 岁（$SD=3.3$）。以口头和书面形式向参与者介绍了研究程序。所有参与者在自愿参与研究之前都给出了书面知情同意书。参与者可以在任何时候自由退出研究，而不会产生进一步的后果。在收集数据时，所有参与者都身体健康，没有任何身心不适。

前人研究发现，玩视频游戏可以显著增加生理唤醒。这种效果通过竞赛环境可能会进一步增强，因为竞赛已被证明会引起生理唤醒、焦虑以及心流的增加。比赛在晚上 9 点到凌晨 2 点之间举行。玩家可以在不同游戏（“英雄联盟”和“反恐精英：全球攻势”）的不同锦标赛之间进行选择。英雄联盟是多人在线战斗竞技类型的策略游戏，而“反恐精英：全球攻势”是战术射击游戏，在实时设置中对玩家施加战术和精确压力。玩家游戏的平均持续时间为（35±22）分钟。研究人员通过收集皮质醇唾液样本来测量参与者的生理唤醒水平，因为皮质醇已被证明是生理唤醒的有效标志物，这是由压力引起的下丘脑-垂体-肾上腺轴活动增加导致。在参与者比赛开始前、比赛结束时以及比赛结束 30 分钟后测量皮质醇水平。同时，在玩家结束游戏后采用心流短问卷评估其心流体验和焦虑水平。竞赛表现是根据每个玩家的游戏结果（赢或输）来评估的。

研究结果显示，平均皮质醇水平在比赛期间显著增加，参与者的生理唤醒水平显著提高。赢家和输家在焦虑方面存在显著差异，赢家表现出更高的焦虑水平。在将样本分成三组不同的皮质醇反应水平后，发现表现和焦虑存在显著差异，低至中等水平的皮质醇与最高表现和焦虑相关。综上所述，低到中度的生理唤醒和同时高水平的焦虑代表了在电子竞技运动中实现最佳表现的有利状态。与生理唤醒相比，焦虑对表现的影响似乎更大。

参考文献

SCHMIDT S C E, GNAM J P, KOPF M, et al. The influence of cortisol, flow, and anxiety on performance in E-sports: A field study[J]. BioMed Research International, 2020:9651245.

案例5 西班牙女田径运动员的赛前焦虑

赛前焦虑是运动员在高水平运动中最常见的情绪之一。它可以产生积极和消极的影响，这使得管理这种焦虑的能力成为运动员最重要的准备之一。Munoz等人于2017年分析了参加欧洲锦标赛、世界锦标赛和奥运会的西班牙女子国家田径队运动员的赛前焦虑水平，旨在通过考察赛前认知焦虑、自信心和躯体焦虑3个变量，以及这些变量如何影响运动员成绩来评估运动员如何应对赛前焦虑。该研究的参与者为2014年、2015年和2016年间被西班牙皇家田径联盟选中的代表西班牙参加国际比赛的92名女性运动员。她们的年龄为16～38岁，平均年龄为23.49岁（$SD=5.504$），组别为U18、U20、U23以及国家队，训练和参与运动项目的平均年限为12.67年（$SD=5.504$）。

Munoz等人采用Arruza等人于2010年开发的竞赛状态焦虑问卷（CSAI-2R）对参与者实施测量。该问卷由27个条目组成，评估认知焦虑、自信心和躯体焦虑3个变量，每个变量由9个条目测量。采用李克特4点计分：1（没有）、2（一点）、3（适度）和4（很多）。数据于运动员比赛热身前1小时进行收集。采用SPSS软件（21.0版本）对数据进行统计分析。

研究结果表明，自信心与认知焦虑之间存在显著负相关，同时，自信心与躯体焦虑之间也存在显著负相关。此外，认知焦虑与躯体焦虑之间存在显著正相关。在每个组别中，也发现了显著的相关性。在U18组中，运动员赛前认知焦虑与自信心呈显著负相关；在U20组中，认知焦虑与自信心呈显著负相关，认知焦虑与躯体焦虑呈显著正相关；在U23组中，认知焦虑与自信心呈显著负相关；在国家队中，认知焦虑同样与自信心呈显著负相关。调查结果显示，西班牙顶级女运动员有高度的自信心，这有助于她们减少由认知焦虑和躯体焦虑增加引发的症状。这是西班牙女运动员在最重要的国家和国际锦标赛取得更好成绩的一个因素。

参考文献

MUÑOZ A S, CAYETANO A R, CALLE R C, et al. Female Spanish athletes face pre-competition anxiety at the highest levels of competition[J]. Revista de Psicologia del Deporte, 2017, 26:39-44.

二、应用案例

案例1　赛前心理状态影响运动员运动表现——唤醒焦虑与运动成绩的关系

案例

某体校气枪射击队即将参加省运会，在队内选拔比赛中，平时发挥稳定的队员张某和李某成绩大幅下降。教练员观察发现，张某在赛前频繁喝水、踱步等，李某则是出现话多、出汗等异常表现。面对询问时，张某回答自己有点紧张，担心发挥失常无法获取参赛名额，李某则说自己很兴奋，特别想证明自己，但最终事与愿违。

问题分析

由于比赛这一刺激因素，使得运动员的赛前躯体焦虑和生理唤醒水平逐渐上升，变得极度兴奋、过于敏感，影响运动表现，从而使得张某和李某的选拔赛成绩大幅下降。这是由于赛前心理状态尚未调整至最佳状态，而这两位运动员的赛前心理状态主要指唤醒和焦虑水平。

原因分析

上述案例中，由于选拔赛决定省运会参赛名额，因此对运动员产生了应激刺激，使得个体产生生理反应，唤醒水平提高，还会产生心理反应，容易提高个体焦虑水平。焦虑与唤醒水平的变化与运动成绩变化息息相关。

根据多维焦虑理论可知，焦虑水平与操作成绩之间存在倒U形关系，适当焦虑能够提高运动表现，但张某躯体焦虑过高，反而损害运动表现。此外，唤醒水平与运动成绩也存在倒U形假说，随着唤醒水平升高，运动表现随之升高，但当唤醒水平超过临界值时，运动表现会随之下降。由此可知，李某赛前唤醒水平过高，使得比赛成绩下降，且对于技能复杂程度较高的气枪射击运动，运动员的唤醒水平更敏感，最佳唤醒水平更低。个人最佳功能区理论强调个体差异，认为每个运动员都有个人最佳功能区，当焦虑水平位于最佳功能区之内时，运动表现最好。本案例中两位运动员在面对比赛时表现出明显的个体差异，运动心理学工作者在实践中还应针对不同运动员的特点开展个性化、针对性干预。

解决方式

对于张某，教练员应在赛前对其进行开导，令其明白过度焦虑的消极影响，降低其焦虑水平，提高自我控制能力，选择合适的方式排解压力，如赛前可通过表象练习将动作在头脑中进行复现，多次深呼吸缓解焦虑；而李某则应平复兴奋心情，降低生理唤醒水平，将最佳竞技状态保留至比赛中，而非赛前消耗。可通过放松训练、转移注意力、系统脱敏等心理训练方式进行平时练习和赛前练习，调整至最佳竞技状态。

参考文献

[1]符明秋.普通系大学生短跑运动员赛前焦虑与比赛成绩的相关研究[J].体育科学，1998(3)：79-80.

[2]张力为，任未多.现代运动心理学研究综述[J].心理学报，1995(4)：386-394.

案例2 如何应对运动员大赛发挥失常——"Choking"现象的案例分析

案例

近年来，越来越多的运动员在重要比赛中意外地输掉了比赛，发生了看似不可能发生的低级"失误"，这种现象似乎越来越多地出现在各国高水平运动员中。其主要原因在于，在一些关键时刻，心理因素对运动员的影响大于技能和体能因素。例如，2004年雅典奥运会男子双人3米跳板冠军争夺战中，中国选手王克楠在最后一跳中，出现了走板"失误"，获得零分的成绩，最后，把到手的金牌拱手相送；在男子50米气步枪3×40冠军决赛中，美国射手马修·埃蒙斯意外地打出了脱靶；2008年在北京举行的第29届奥运会中，马修·埃蒙斯又"奇迹"般地打出了4环的成绩而无缘金牌。

问题分析

请结合运动员面临大赛的心理特点，分析上述运动员"反胜为败"的原因。

原因分析

上述运动员出现“反胜为败”现象的原因在于运动员在压力下出现了“Choking”现象。

(1)“Choking”现象的定义:“Choking”本身指医学中的“窒息、卡壳、透不过气来”之义,被借用到运动领域。运动中的“Choking”被运动心理学界学者定义为一种运动员在压力情境下,运动表现显著下降的现象,是自动化运动执行过程发生衰变的现象,是“发挥失常”的一种,发挥失常可能与多种原因有关,如比赛动机减弱、夺冠愿望增强等。“Choking”有两个不可忽视的特点,分别为认知压力和额外的努力。

(2)“Choking”的相关理论解释

干扰理论模式(distraction model):压力使个体焦虑水平上升,个体对自身表现、比赛结果产生担忧,这将占用运动员的工作记忆容量,进而对任务相关信息的加工效率下降,导致“Choking”。

自我监控理论(self-focus theories):运动员对压力的感知提升了自我意识水平,使运动员聚焦于动作执行,有意识地监控(EMH)和(或)控制(CPH)动作执行,这种主观的控制努力打破了已经建立的自动化过程,因此导致“Choking”。

加工效能理论(processing efficiency theory,PET):分心使加工效能下降,运动员需要付出更多努力才能维持正常的操作水平。由于压力导致的焦虑会通过占用工作记忆容量导致加工效率下降,当运动员的努力无法维持原有的操作水平时会出现“Choking”。

注意控制理论(attentional control theory, ACT):焦虑使注意转向与任务无关的想法,如担心失败,注意脱离当前任务等,这些将导致操作水平下降。

“Choking”过程理论:该理论整合了干扰理论、自我监控理论、压力应对和技术划分理论,认为“Choking”是一个从认知到执行的过程。这个过程受多种因素影响,首先,“Choking”的认知阶段是从运动员感知到压力进而意识到比赛重要性的过程,压力水平受稳定因素(自我意识、特质焦虑等)和非稳定因素(比赛关键时刻、自我威胁和害怕评估、成绩期望、比赛的排位)影响,这些因素使运动员意识到比赛的重要性。在这之后将会进入运动执行阶段,在此阶段,“Choking”是否发生受压力应对策略、任务特征、技能水平影响。另外,运动项目特征和运动员的技能水平决定了“Choking”的形式,对于开放性运动技能的

"Choking"，倾向于用干扰理论去解释；对于闭锁性运动技能的"Choking"，则倾向于采用自我监控理论来解释。

在以上几种理论中，Choking 过程理论将"Choking"看作一个动态变化的过程，被认为是解释最为全面，实践应用针对性最强的理论。

解决方式

①内隐学习；②技术监测或自我意识训练；③进行心理和行为上的习惯动作训练；④表象训练；⑤过程目标、看淡结果、内部动机、关注当下、从容平静、顺其自然、忘掉自我、忘掉对手、积极思维、心理坚韧。

参考文献

[1]段再复，张力为.解释比赛"Choking"的新视角：心智游移理论[J].体育科学，2017，37(2)：37-46.

[2]娄虎，刘萍.缓解运动员压力下 Choking 的干预策略——基于质性研究文献的系统综述和主题集成[J].体育科学，2016，36(2)：32-40.

案例 3　篮球运动员应激与比赛成绩的案例分析

案例

篮球运动员在比赛过程中会出现不同的比赛情景，如时间进程和比赛进程，在不同情景下，运动员会承受不同程度的应激，如在时间进程进入到结束阶段时，比赛进程是比分相持、领先或者落后状态下，教练和观众的呐喊、指责和期望给运动员带来了不同程度的压力影响，这些压力会影响运动员的表现。但有些运动员在面对比赛中的关键时刻时，会在压力下表现出"超常发挥"，同时也有一些运动员会犯许多低级错误，如罚球不进等。因此，篮球运动员在不同的比赛情景以及不同情景组合的情况下，往往会产生不同的应激水平。寻求最有利于运动员比赛表现的应激水平对于促进运动员发展和赢得比赛成绩具有重要作用。

问题分析

(1)"Choking"与"Clutch"：运动员在压力下的运动成绩往往是处在

"Choking"现象和"Clutch"表现之间。"Choking"现象是最大的运动负成绩，"Clutch"表现是最大的运动正成绩。"Choking"现象是在压力作用下，产生心理方面的变化，从而导致成绩衰退的现象。"Choking"现象在篮球比赛中比比皆是，特别是在一些关键比赛或者比赛的关键时刻，运动员的压力较大，发生了许多低级失误，如罚球不进、传球失误等。但也有一些运动员在压力下表现出"超常发挥"，这就是"Clutch"表现。"Choking"现象和"Clutch"表现是运动员成绩的两个极端。

（2）比赛情景与运动成绩：篮球比赛过程中存在很多比赛情景，如比赛的时间进程、比分波动，这些都可能引起篮球运动员的心理变化，从而可能会引起运动成绩的波动。

原因分析

（1）篮球比赛过程中有很多情景，比赛情景会导致运动员的心理变化，不同的比赛情景对运动员成绩的影响效果不同，当比分领先或遇弱队时，表现相对较好，但在比分落后、比分相持、心理状况不佳，以及遇到强队或遇到水平相近队时，运动成绩得分相对较低。

（2）诱发"Choking"现象的比赛情景是多样的，不同的比赛情景组合下发生"Choking"现象的频次是不同的，随着"时间进程"和"比赛进程"的推移，发生"Choking"现象的频次是波动的。

解决方式

（1）根据比赛进程合理调整运动员的应激水平：在"中间阶段"，运动员的表现相对较好，在"结束阶段"，运动员的表现相对较差。这是由于"中间阶段"是平稳阶段，运动员相对较轻松，因而表现较好，而在"结束阶段"，运动员可能会急躁，这可能导致运动表现较差。从比赛进程来看，"比分相持"阶段运动员表现最差，在"比分领先"阶段得分最高，"比分相持"阶段是一种交织状态，双方队员急于拉开比分反而导致运动成绩降低。因此要根据比赛的实时赛况来合理提高或降低运动员的应激水平。

（2）根据比赛情景来合理调整运动员的应激水平：在"重要性"方面，重要的比赛对运动员压力更大，在巨大压力的作用下，运动员的表现容易出现衰退现象，最严重时会出现"Choking"现象，但也有少数运动员表现出较好的成绩。在"主客场"方面，主场和客场对运动成绩影响比较接近；在"对手水平"方面，当

“遇到水平相近的队”时，运动表现最差，当“遇弱队”时，运动成绩最好。

参考文献

原黎君，唐景丽.大学生篮球运动员应激比赛情境与运动成绩相关性研究[J].武汉体育学院学报，2017，51(2)：69-73.

第三章　运动活动的归因

归因是指个体对自我或他人行为结果的原因进行分析、解释和推测的过程。本章围绕运动活动中的归因问题，选取了三个研究案例和三个应用案例。研究案例介绍了目标定向与归因风格对运动类型的影响，运动员的归因模式，以及与健康有关的体育活动归因，为运动和锻炼心理学研究人员提供借鉴。应用案例介绍了如何利用归因矫治运动学习过程中的习得性无助行为，运动员成败归因对于运动员竞技成绩的影响，以及不同归因方式对大众锻炼行为的影响，为体育心理学实践工作者提供应用参考。

一、研究案例

案例1　目标定向与归因风格对运动类型的影响

前人关于成就目标取向和归因方式的性别差异研究结果存在不一致。对不同结果的一种可能解释是，尚未考虑潜在的混淆变量，如参与程度和运动类型。Hanrahan 和 Cerin 于 2009 年开展了一项研究，以调查成就目标取向和归因风格在不同性别、不同参与程度、不同运动类型方面的差异。

研究参与者是 272 名澳大利亚运动员（108 名男性和 164 名女性），年龄从 12 岁到 74 岁不等（$M=32.13$，$SD=14.20$）。其中，67 名男性和 51 名女性来自团队运动（曲棍球或垒球/棒球），而 41 名男性和 113 名女性来自个人运动（跳水、田径、高尔夫、游泳或铁人三项）。24 名运动员参加国际、国家或州级比赛，110 名运动员为竞技俱乐部级水平，126 名参加者为娱乐水平，12 名参加者没有说明他们的运动水平。运动员参加各自运动的平均时间为 10.43 年（$SD=$

8.40)。他们平均每年参加运动9.11个月($SD=2.72$),平均每周参加运动8.85小时($SD=7.57$)。

采用运动中任务定向和自我定向问卷测量运动员在运动中的成就目标取向。该量表由任务和自我两个分量表组成,共13个题目,采用李克特5点计分。在本研究中,自我导向分量表的内部一致性系数为0.83,任务导向分量表的内部一致性系数为0.80。采用运动归因风格问卷测量运动员的运动归因风格,该问卷描述了运动中的正面事件和负面事件。对于每个事件,受访者都被要求生动地想象自己所处的情况,并写下如果该事件发生在他们身上,最可能的原因是什么。然后,要求受访者对他们的开放式因果归因进行评分。采用7点计分,通过内部性、稳定性、全局性、个人可控性、外部可控性和意向性维度进行评分。在该研究中,积极事件维度的内部一致性系数从0.54至0.69不等,而负面事件维度的内部一致性系数从0.51至0.63不等。在获得大学行为和社会科学伦理审查委员会的伦理批准后,参与者自愿匿名完成问卷并返回给研究人员。研究人员对收集到的数据进行统计分析。

研究结果显示,参加个人项目的运动员比团体项目的运动员有更高的自我导向,女性在任务导向方面的得分高于男性。与团体项目运动员相比,个人项目运动员对积极事件的归因更加内部、稳定和全局化,外部可控性更差,对消极事件的内部归因更多。与休闲项目女运动员相比,竞技项目女运动员对积极事件的全局性归因较少,而在男性运动员中没有观察到这种差异。与休闲项目个人运动员相比,竞技项目个人运动员(而非团体项目运动员)的全局性归因较少。研究结果表明,体育心理学归因研究仅关注内在性、稳定性和可控性的可能是不够的,更要关注全局性归因的影响。从应用的角度来看,对于运动心理学家和教练而言,针对个人项目运动员和男性运动员进行旨在增强任务导向的干预可能是有益的。同样,团体项目运动员可能需要作为归因训练项目的重点加以关注。

参考文献

HANRAHAN S J, CERIN E. Gender, level of participation, and type of sport: Differences in achievement goal orientation and attributional style[J]. Journal of Science and Medicine in Sport, 2009, 12(4):508-512.

案例 2　大学生运动员的归因模式

Pedersen 和 Manning 于 2004 年开展了一项研究，旨在考查运动员对成功的归因模式。他们提出了如下 3 个假设：①与不太成功的球队相比，在较成功球队中的运动员会产生更高的内在性、稳定性、可控性和意向性成功归因；②单项运动的运动员比团体项目的运动员具有更高的内在性、稳定性和可控性的成功归因；③与男性运动员相比，女性运动员对成功的内在性、稳定性、可控性、意向性和全局性归因较低。

参与者是美国西部一所大型私立大学的 17 支球队的运动员和主教练，涉及 9 个体育运动项目。采用方便取样，共招募了 157 名参与者(74 名男性和 83 名女性)。参加的运动项目和运动员人数分别为：棒球(男子，10 人)、垒球(女子，10 人)、篮球(男子，9 人；女子，9 人)、高尔夫(男子，7 人；女子，8 人)、体操(女子，10 人)、足球(男子，10 人；女子，10 人)、游泳和跳水(男子，10 人；女子，9 人)、网球(男子，8 人；女子，9 人)、越野(男子，10 人；女子，8 人)和排球(男子，10 人；女子，10 人)。因为各队的运动员人数差异很大，所以从超过 10 名运动员的球队中随机抽取 10 名运动员。

将团队按照“较成功”以及“不太成功”进行分类。分类是基于 4 位教练的排名，他们在该机构总共拥有 89 年的教练经验，并且非常熟悉各队在规定时间内的表现。他们根据“过去 5 年关于成功的感受”从 1 到 17 对包括他们自己在内的团队进行排名，高于中位数的球队排名被归类为“较成功”，中位数以下为“不太成功”。最终，较成功的队伍是男子排球、足球和高尔夫，以及女子越野、体操、足球、网球和垒球；不太成功的队伍是男子篮球、网球、棒球、越野和游泳，以及女子篮球、高尔夫、游泳和排球。此外，按个人和团体项目进行分类，个人项目是越野、高尔夫、游泳、网球和体操；团体项目是棒球/垒球、篮球、足球和排球。

采用运动归因风格量表从内在性、稳定性、可控性、意向性和全局性 5 个维度评估运动中的归因。意向性是导致特定结果的个人有意识的努力，全局性是指归因在多大程度上推广到个人生活的其他方面。遵循标准化的管理和评分程序。研究者提出了 5 种假设的运动情境，每一种都用正面和负面的术语表达，产生 10 个条目。5 个积极的条目包括“你的队友声称你是一个非常出色的运动员”“你在比赛中表现很好”“你被选进重要比赛的首发队”“教练夸奖你的表现”，以及“你可以毫无困难地承受高要求的训练课程”。负面条目的形式相同，但措辞是负面的。例如，“你的队友声称你的表现不是很好”。对于每个条目，受访者都被要求“生动地想象你在所描述的每种情况下的自我”，然后“指出如果这件事发生在你身上的最可能的原因”。然后，采用 7 点计分，通过内在性、稳定性、全局性、可控性和意向性维度对 10 个条目的因果归因进行评分。

研究者对收集的数据进行统计分析，研究结果显示，较成功团队中的运动员会有更高的内部性、稳定性、可控性和意向性归因。个人和团体项目运动员的运动归因模式没有差异。女运动员在内在性、稳定性、可控性、意向性归因上得分更高。了解不同类型大学运动员的特定归因模式很重要——无论是否存在实质性差异。研究人员应该研究体育归因与实际运动表现的关系，以及探究旨在提高运动表现的归因训练项目的有效性。

参考文献

PEDERSEN D M, MANNING C L. Attributions of athletes on collegiate sports teams[J]. Percept Mot Skills,2004,99(3 Pt 1):799-810.

案例 3　与健康相关体育活动的归因

Nickel 与 Spink 于 2010 年开展了一项横断面研究，在健康相关身体活动的背景下检验了 Weiner 的归因理论。这项研究的参与者是来自运动课程的 95 名本科生。由于人们认为个体会自动对重要结果做出归因，因此研究者旨在考察那些认为足够的身体活动将对健康有益的个体对与健康相关的身体活动的归因。研究人员向参与者陈列了人们参与活动的常见原因，即享受、健康、社交、外表、放松、精力等，并要求参与者确定对他们来讲最重要的三个原因。未将健康视为其运动的三大原因之一的个体被从进一步的分析中剔除（$N=7$）。此外，剔除了 3 名有缺失值参与者的数据。最终，后续分析样本包含 85 名参与者（55 名女性，24 名男性，6 名未报告性别），样本的平均年龄为 20.5 岁（$SD=2.1$）。

Nickel 和 Spink 对参与者的感知结果、归因、确定性、身体活动水平、情绪进行分析。具体步骤是，在参与者阅读加拿大卫生部关于获得健康收益所需的活动水平的指南后，向其提出“在过去的一个月里，您在保持推荐的活动水平方面是成功的还是失败的”这一问题，评估其感知结果。采用修订后的因果维度量表衡量参与者在过去一个月中维持健康推荐活动水平是否成功，以及其归因。该量表允许参与者为结果提供自己的归因，然后根据 4 个因果维度（因果关系、个人可控性、外部可控性和稳定性）对归因进行编码，采用李克特 9 点式量表计分。研究未检验外部可控性维度，因为研究目的是检验源自 Weiner 理论的假设，而这些假设均不涉及该维度。因果关系、个人可控性和稳定性三个维度的 Cronbach's α 分别为 0.79、0.85 和 0.84。采用一个条目，即"您有多大把握在下个月实现类似的结果（成功或不成功）"，来评估对类似未来结果的确定性。采用李克特 7 点计分，从 1（完全不确定）到 7（完全确定）进行评分。采用修订版活动问卷评估身体活动水平。该问卷已被证明是一种可靠且有效的自我报告身体活动测量方法，并且已被证明与其他身体活动测量方法相关。该问卷的原始版本评估了 12 个月内的活动，而此处使用的版本评估了 4 周内为健康益处而进行的休闲活动。对于参与者在问卷上列出的每项活动，计算活动的代谢当量（metabolic equivalent，MET）、以分钟为单位的平均持续时间与 4 周期间的频率的乘积，然后除以 28。将每项活动的值相加得出每位参与者的总活动值。由于 3 kcal/(kg · d)（KKD）（1 kcal≈4.184 kJ）已被公认为成人健康益处的最低水平，因此活动水平以 3 KKD 进行划分。进行足以带来健康收益的身体活动的活动值大于 3 KKD，或身体活动不足的活动值小于 3 KKD。采用 Weiner 及其同事之前确定的结果依赖或归因依赖的四种情绪，即高兴、自豪、不安、内疚来评估情绪反应。采用李克特 9 点计分进行评分。研究者对收集的数据进行统计分析。

研究结果显示，参与健康相关身体活动的成功感知与更多的内部性、个人可控性和稳定性归因有关，即成功维持推荐的身体活动量的个体比感知失败个体表现出更多的内部性、个人可控性和稳定性归因。此外，研究支持感知结果和情绪之间的关系，但不支持归因和情绪之间的关系。最后，研究发现归因的稳定性与实现类似的未来活动结果的确定性之间存在正相关关系。对健康相关身体活动的归因考察对于促进个体积极参与身体活动，提高健康水平具有重要意义。

参考文献

NICKEL D, SPINK K S. Attributions and self-regulatory efficacy for health-related physical activity[J]. Journal of Health Psychology, 2010, 15(1):53-63.

二、应用案例

案例1　如何解决体育学习过程中的习得性无助行为——运动归因的实践应用

案例

篮球运动员A从小在父母支持下进行篮球专项训练，从市体校升学至省体校，最后以优异成绩被选拔进入省队，一切都很顺利。但是，A进入省队后，却状况百出。先是省队训练强度大，导致A总是不能按时完成个人训练计划；与队友之间配合度不足，比赛频繁失误，沦为“饮水机队员”；教练、父母也在不断批评A……A很是沮丧，他感觉自己的运动生涯已经到达极限了，自己的运动水平无法提高，比赛失误也导致其信心丧失，平时训练松松垮垮，甚至有了退役的想法。

问题分析

运动员A在进入省队前的体育经历顺风顺水，但初入省队不适应，而且省队的队友水平、队内竞争以及训练强度都有很大提升，其遇到各种挫折：一次次训练跟不上、比赛失误，经过多次尝试后仍无法取得较好结果，对自我产生怀疑，认为这一切的原因是自己能力与天赋不足、自己与高水平比赛无缘，从而自我怀疑、自我否定，进而表现出颓废、沮丧等消极情绪。

原因分析

运动员A的情况属于习得性无助，由于不断遭到打击，产生了无能为力、无助绝望的心理。研究表明，具有习得性无助的运动员都将结果归因于自身运动能力而非自我努力程度。如运动员A在遭受挫折后，并没有认为自己不够努力，反而认为自己天赋能力不足，将失败归结于外部因素而非内部因素，从而产生消极运动归因行为，影响训练和运动表现。

解决方式

对于运动员本人，应转变自我心态，分析失败原因，并将失败原因归结于内在努力不足而非外在天赋不够，从而减少挫折感和无助感，积极投入到训练中，并与教练积极沟通，寻求帮助。对于教练员，应向习得无助的运动员提供比赛和练习的建议，通过合理安排训练计划、科学分析技战术等方式，提高运动员的训练效果；在指导过程中多采用努力取向指导语，引导运动员采用积极的归因方式，提高其运动表现水平和运动学习效果。对于运动队，既要注重运动员的运动训练，也要注重其心理健康，配备心理咨询，解决队员训练和生活中的心理问题。

参考文献

[1]吕慧青，王进.基于认知解释模式对技能学习的“习得无助”现象探索[J].体育科学，2009，29(2)：15-24，38.

[2]卢晓文.“习得无助”认知特征在不同运动项目间的差异分析[J].中国体育科技，2010，46(4)：112-121.

[3]周亚琴.试论归因训练对运动学习无助感的影响[J].武汉体育学院学报，2003(4)：140-142.

案例 2　为什么会输——运动员成败归因

案例

一位优秀的田径运动员在近期的训练中一直表现不佳，较为懒散。教练对此十分苦恼。为解决这一问题，教练对这名运动员近一段时间所接触的各项事件都进行了分析，最终发现这名运动员是在一次高水平竞赛的失利后陷入了低迷状态。为调整运动员心态，教练员与运动员进行了深入的谈话，经过谈话，运动员的心理状态逐渐恢复。谈话过程如下：

运动员：那次比赛糟透了，我认为我不是这块料，以后也不可能成功。

教练：你在以往的比赛中都发挥出色，你看你战胜过很多对手，包括今天碰到的。

运动员：我不适合这种类型的比赛。

教练：你只是在这一次的比赛中失利，你在以往的比赛中，在同样地点的比赛中取得了成功。

运动员:我那次紧张了,发挥太糟了。

教练:其他选手也有类似情况,如某某选手,一开始比赛时,情况也跟你类似,但后来成功克服了这个问题。

运动员:听了您的分析,我感觉好多了,谢谢!

问题分析

运动员在经历一次比赛失利后,将失败归结于自身的能力不够以及没有天赋。这属于内在性、不可控性归因,这种归因方式使运动员产生了负面情绪和想法,影响了后续的训练。教练通过对运动员的归因方式进行修正,调整了运动员的心态,将运动员的训练重新拉回正轨。

原因分析

运动归因是指运动员对自己运动行为成功或失败原因的解释和评价。运动员的成败归因会影响运动员心理及后续行为,正确的归因能够激发运动员的动机,错误的归因则会干扰运动员的动机。运动员的归因主要包括内外向、可控性、稳定性三个维度。内部的、不稳定的、可控制这一类归因类型是最为合理的组合类型,在这种情况下运动员往往会认为自己的成败是由自己的能力决定的,而自己的能力是可以通过自身努力加以提升的,这样的想法有助于运动员的进一步发展。而在同一情况下,以内部的、稳定的、不可控的归因方式进行归因的运动员往往会认为自己的成败是由自己的天赋决定的,无法通过努力进行能力的提高,这样的想法就会使运动员陷入消极的情绪之中。但是教练员可以通过对运动员成败归因进行教育,帮助运动员形成更为合理的归因方式,调整运动员状态。

解决方式

(1)教练员要在赛后及时对运动员进行归因教育,避免运动员采用不适当的归因方式。

(2)运动员要分清自己的各种归因属于内外向、可控性、稳定性中的哪种,并根据教练员的建议,及时对成败归因进行调整。

参考文献

[1]柏曙邹,姜振.运动员失败归因教育的研究[J].内蒙古师范大学学报(教

育科学版),2012,25(10):51-53.

[2]施文忠.伦敦奥运会国内外优秀田径运动员竞赛成败归因[J].福建师范大学学报(自然科学版),2014,30(3):147-152.

案例3　不同归因方式带来不同锻炼行为——参与运动的自我归因

案例

在乒乓球课上,教师为调节课堂气氛、调动学生兴趣,开展了一次乒乓球比赛。比赛采用车轮战的方式,每名学生都要与随机选择的多名对手进行对打。比赛结束后,一部分同学认为自己的输赢主要是由自身的真实水平以及是否在比赛中用尽全力而决定的,另一部分同学则认为自己的输赢主要是由于运气以及对手的实力决定的。经过一段时间,教师发现,似乎认为输赢主要是由自身的真实水平以及是否在比赛中用尽全力而决定的那一部分同学,会更加积极地参与到课堂练习当中,课余时间也会更多参与到体育锻炼活动之中。

问题分析

在进行比赛后,两部分同学对比赛结果的归因方式不同。将输赢归因于自身能力和努力程度的学生属于内控型归因,将输赢归因于任务难度和运气的学生属于外控型归因。不同的归因方式促使学生们后续产生了不同的体育参与行为。

原因分析

参与运动后的正确自我归因不仅对个体的锻炼行为有着促进作用,并且由于倾向于内控型归因方式的人会将运动的成功归因于自己的能力和努力,因此他们会认为通过努力自己就会变得更好,能力也会更强。通过这一过程,个体的自我效能感也会得到加强,而在体验到这种积极情绪后,人们也会更有动力继续参加体育锻炼,进而再通过体育锻炼获得自我效能,如此进入良性循环,养成良好的锻炼习惯。

解决方式

(1)教师在体育教学中不仅要教授体育技能,还应该向学生传授正确的归因方式。

(2)教师应引导学生将成功归因于自身的努力和能力的提高,提升学生的自信心,调动学生参与体育锻炼的积极性和主动性,以此为学生培养良好的体育锻炼习惯。

参考文献

孙兴东.我国大学生参与运动的自我归因、自我效能及其锻炼行为间的整合性调查与分析[J].南京体育学院学报(社会科学版),2010,24(5):126-128.

第四章　运动员的智力特征

本章围绕运动员智力特征这一专题介绍了三项研究案例和两项应用案例。研究案例介绍了运动员与非远动员视觉空间能力差异研究，不同团体项目运动员的认知行为身体活动与多元智力关系研究，智力障碍运动员智力与反应时间的关系研究，为运动智力领域科研工作者提供思路和研究方法借鉴。应用案例介绍了游泳运动员的智力特征案例，以及不同项目运动员的运动智力专项特征案例，为运动员选材提供参考。

一、研究案例

案例1　运动员与非运动员的视觉空间能力差异研究

Akarsu等人于2009年开展了一项研究，比较运动员与非运动员运动相关视觉空间能力，如手眼反应时间和视觉空间智力。研究者招募了283名高中生(157名男生和126名女生)，他们的年龄从15至19岁不等。157名男生中有足球运动员37人、篮球运动员20人、排球运动员17人、田径运动员12人、滑雪运动员9人、非运动员62人。126名女生中有15名篮球运动员、14名排球运动员、8名田径运动员、6名滑雪运动员和83名非运动员。运动员比赛时间均在3年以上。所有受试者自愿参加本次研究。

为了评估手眼视觉反应时间，将电脑显示器放置在距离受试者眼睛50 cm处。受试者的下颌固定在下颌支架上；受试者被要求将双眼聚焦在屏幕的中央注视点上。采用软件包随机呈现刺激和记录反应。中央闪光为视觉刺激，受试者按键盘上的A键。反应时间短于150 ms被认为是预期反应，超过500 ms是注意错误，应将两者都从分析中删除。有斜视、屈光不正和视野缺损的受试者不包括在研究中。视觉空间智力（非语言智力）采用卡特尔文化公平智力测试评估，将原始分数直接转换为智商。

研究结果显示，与非运动员相比，运动员的手眼视觉反应时间较短（较快），并且拥有较高的视觉空间智力。手眼视觉反应时间和视觉空间智力没有性别差异。运动年限与手眼视觉反应时间呈负相关，与视觉空间智力呈正相关。这些结果支持体育运动有益于手眼视觉反应时间和视觉空间智力的观点。根据本研究的结果，推荐小学、初中和高中学生进行更多的体育运动，以提高学业成绩。

参考文献

AKARSU S, CALISKAN E, DANE Ş. Athletes have faster eye-hand visual reaction times and higher scores on visuospatial intelligence than nonathletes[J]. Turkish Journal of Medical Sciences, 2009, 39(6):871-874.

案例 2　不同团体项目运动员认知行为身体活动与多元智力水平之间的关系研究

Okudan 于 2021 年开展了一项研究，旨在探讨不同团体项目中运动员的认知行为身体活动与多元智力水平之间的关系。参与者为来自 4 个不同运动项目（足球、排球、篮球、五人制足球）的 518 名运动员，其中包括 189 名女性，329 名男性。在 2020～2021 赛季通过方便抽样方法招募，所有运动员自愿参与本次研究。

该研究采用研究人员开发的《个人信息表》《认知行为身体活动量表》《多元智力量表》作为数据采集工具。其中，个人信息表调查的人口学信息包括年龄、性别、受教育程度、收入水平、运动项目、运动经历和爱好领域等。采用认知行为身体活动量表来衡量参与者的认知行为身体活动水平。该量表由 15 个条目组成，涉及结果期望、自我调节和个人障碍 3 个维度。量表中的所有表达均采用 5 点李克特评分，从“1＝非常不同意”到“5＝非常同意”进行计分。多元智力量表用于衡量参与者的多元智力。该量表测量了 8 种不同的智力，采用 5 点李克特评分，从“1＝从不”到“5＝总是”进行计分。测量工具的内部一致性系数为

0.884，信度良好。

运用 SPSS 软件对收集的数据进行统计分析。采用 Kolmogorov-Smirnov 检验对数据进行正态性检验，发现数据不呈正态分布，因此采用非参数检验。采用 Mann-Whitney U 检验进行成对比较，Kruskal Wallis-H 检验用于多重比较。成对多重比较检验用于确定多重比较结果差异的来源。此外，Spearman 相关分析用于确定子维度之间的关系。置信区间选择为 95%，$p<0.05$ 表示结果具有统计学意义。

研究结果显示，在认知行为身体活动中，女性运动员拥有更高的结果期待，男性运动员的个人障碍维度显著高于女性。在考察多元智力水平考察时，研究者发现男性的逻辑智力水平高于女性，而女性的动觉智力水平较高。此外，根据运动项目进行比较时，研究者发现篮球运动员的逻辑智力水平高于五人制足球运动员。最后，当考察运动员的认知行为身体活动与多元智力水平之间的关系时，研究者发现认知行为身体活动与智力类型之间均存在正相关关系，随着认知行为身体活动水平的提高，个体的多元智力水平会提高。这些结果表明，个体特别是久坐不动的人应该从青春期开始进行体育活动，以促进多元智力的发展。

参考文献

OKUDAN B. Investigation of the relationship between cognitive behavioral physical activity and multiple intelligence levels in different team sports athletes[J]. Progress in Nutrition, 2021, 23 (S1):e2021158.

案例 3　智力障碍运动员在认知负荷增加任务中智力与反应时间的关系研究

长期以来，智力一直与计时指标相关联，如反应时间。然而，很少有研究在低智力水平人群中探讨这种关系。Van Biesen 等人于 2017 年开展了一项研究，旨在考察智力障碍运动员在认知负荷增加的任务中智力与反应时间的关系。具体而言：①探讨低智力个体智力与反应时间的关系；②比较智力障碍个体与对照组反应时间的差异；③研究对于所需认知负荷不同的 3 项反应时任务的处理速度差异。

本研究招募了103名运动员(32%为女性),他们参加了2015年9月在厄瓜多尔举行的全球运动会,该运动会由国际智力残疾人体育联合会组织。研究参与者平均年龄为24.4岁($SD=5.8$),平均智商为60.6($SD=9.2$)。运动员参加了6项不同的运动,即篮球($N=34$)、足球($N=26$)、自行车($N=5$)、游泳($N=25$)、网球($N=9$)和田径($N=4$)。17名运动员(16.5%)为左利手,86名运动员(83.5%)为右利手。本研究中的所有运动员均符合智力残疾诊断标准,处于轻度至中度(40~75)智力障碍。同时招募了一个由103名比利时高等教育学生运动员组成的对照组,平均年龄为21.1岁($SD=2.4$)。在对照组中,23名参与者(22.3%)为左利手,80名参与者(77.7%)为右利手。在这项研究中,每个患有智力障碍的运动员都与同一年龄组、同一性别和从事相同运动的学生进行匹配。每个子样本(如男足球运动员)的招募都考虑到报告的训练量,确保两个子样本的总训练经验相等。值得注意的是,没有对照组的智力分数;然而,对照组的所有参与者都是大学生。Matarazzo和Herman使用来自韦克斯勒成人智力量表修订版的标准化数据来研究智力与教育之间的关系。根据他们的数据,受教育年限可作为全量表智力的估计值。与对照组中的人一样,完成了12年常规教育的人的平均智商为100.1($SD=15.3$)。因此,可以假设(尽管不能保证)对照组中的所有参与者都是没有智力障碍的运动员。

在开始实验之前,参与者(必要时还包括监护人)签署知情同意书,以及一份关于年龄、体育活动、训练历史和训练量的问卷。如果参与者小于18岁,则还应获得其父母的同意,然后按固定顺序进行3项认知负荷逐渐增加的程序化反应时测试,包括简单反应时间(simple reaction time,SRT)、选择反应时间(change real-time,ChRT)和复杂反应时间(Flanker)。在测试过程中不要提供反馈,以避免参与者分心。完成子测验后,指导员没有传达有关考试结果的信息,而只传达一般性的积极鼓励。对照组的所有参与者均完成了测试,102名智力障碍运动员完成了所有测试。采用SPSS软件(22.0版)对所有数据进行统计分析,$p<0.05$表示结果具有统计学意义。

研究结果显示,智力与反应时之存在中度负相关。在3项反应时任务中,与对照组相比,智力障碍级运动员的反应时明显较慢。2(智力障碍组、对照组)×3(简单反应时任务、选择反应时任务和复杂反应时任务)重复测量方差分析揭示了反应时任务的显著主效应,反应时随着认知负荷的增加而显著增加。此外,对照组运动员在所有3项反应时任务中的表现都优于智力障碍运动员。有趣的是,任务的认知负荷与组别之间存在交互作用。与简单反应时任务相比,选择反应时任务的组间差异更大；与简单反应时和选择反应时任务相比，复杂反应时任务组间差异更大。这是第一个在大量训练有素的智力障碍运动员样本中调查反应时的研究。它为其他研究提供了一个基准，并表明较低水平智力对反应时的影响在认知负荷最高的反应时任务中最为明显。

参考文献

BIESEN D V，MCCULLOCH K，JANSSENS L，et al. The relation between intelligence and reaction time in tasks with increasing cognitive load among athletes with intellectual impairment[J]. Intelligence，2017，64:45-51.

二、应用案例

案例 1　游泳运动员的智力特征案例分享——运动员的智力特征

案例

美国传奇游泳教练 James Doc Counsilman 在 20 世纪 70 年代曾说："游泳项目未来的水平提升可能并不源于运动员更好的身体准备，而是其对训练和比赛有着更好的心理准备。"这肯定了心理表型在游泳运动员选材中，与形态、体能的测评具有同等重要的意义。拥有较高智力的运动员，在训练时能快速掌握教练员讲解的运动训练理论，正确、迅速地配合，提高训练效率；竞技比赛时能有效"阅读"比赛赛况，把握时机，做出反应，掌握主动，获得胜利。同时，具有较高文化素质的运动员，其训练主观能动性和创造性也较高。作为游泳运动员重要心理表型之一的智力，其发展的规律与特征是选材育才过程中值得探讨的问题。

问题分析

(1)高水平运动员需要具备中等以上的智力水平：游泳运动员处于中等水平的智力，与该项目属于闭锁性项目，对运动员临场反应、判断、战术等方面的要求不高有关。但在游泳比赛，特别是中长距离项目中，各分段游程的速度和体能分配模式，都需要运动员和教练员根据自身情况进行调整，寻找最适宜的战术。

(2)智力特征:智力或称智能,人们在日常生活中常用这个词,按照智力认知理论,智力主要是指人的认知能力,即人认识、理解客观事物并运用知识、经验等解决问题的能力。运动水平的好坏受智力水平的制约,智力低下者不可能有很好的运动水平,运动训练有助于促进一般智力水平的发挥,且运动员具有专门的运动智力特征。

三 应用建议

(1)对少儿运动员以鼓励为主:少儿运动员通常在7岁左右开始游泳训练,这段时间大脑的分析综合能力提高,学习和记忆能力得以发展,运动准确性和协调性加强,行为主观能动性提升,表现出好动、想动的天性。因此,在初期选材中,应为其之后的运动能力打好基础,选择中等以上智力的儿童,在训练中以通俗易懂的语言与少儿运动员交流,以表扬鼓励为主。

(2)明悉运动员的智力特征,抓住敏感期:运动员智力特征结构的均衡性优于一般青少年,即其观察力、注意力、思维力、记忆力和想象力五大智力构成因素全面、完好,对其运动能力表现出积极的综合作用。因此,在这段时间的选材育才过程中,提前着手对其智力因素进行培养,提高运动员对关键技术动作举一反三的思维和应用能力。

参考文献

[1]潘其乐.儿童青少年游泳运动员的智力测评与特征研究[J].中国体育教练员,2017,25(4):20-22.

[2]王荣辉,任弘,张勇.我国跳水运动员心理和智力特征的研究[J].北京体育大学学报,2008,31(9):1212-1214.

案例2 不同项目运动员的运动智力偏向——运动智力的专项特征

案例

在一项对各个专项高水平运动员进行的运动智力测验中,测试者发现,在不同的测试项目里,总有一些运动员的测试得分极为相似。他们总是在某一项测试中得分都偏高，在某一项测试中得分都偏低。在核对这些运动员的身份信息后，测试者发现，不同测试中，总是出现相似分值和变化规律的往往都隶属于同一个专项的运动项目。

问题分析

在不同的运动智力测试中，属于同一个项目的运动员往往会表现出运动智力结构的相似性。

原因分析

运动动作思维、运动注意、动作节奏感、运动空间感、运动平衡感、运动情绪记忆、运动表象等都是重要的运动智力因素。然而，由于每个运动专项具有独特的专项特点，这首先在运动选材的过程中将专项所需运动智能因素更强的运动员进行了一次筛选。其次，也导致运动员在进行专项训练的过程中必然会对自身项目所更加需要的运动智能进行更多的训练。因此，高水平运动员往往会表现出较为明显的专项化运动智能结构特征。

解决方式

(1)教练应在日常训练中加强对运动员实用运动心理学知识的教育，提升运动员对运动智力的认识和理解。

(2)教练员应根据专项运动的特点，在全面开发运动员运动智力水平的基础上，重点发展运动项目所必需的运动智力因素。

参考文献

荣敦国，吴瑛.运动智力因素对专项运动技能训练活动的影响——以我国四个优势竞技项目为例[J].成都体育学院学报，2010，36(4)：48-53.

第五章　运动员的人格特征

本章围绕运动员的人格特征专题，选取了三个研究案例和三个应用案例。研究案例介绍了大五人格维度对运动相关应对策略的影响、男女运动员人格特征的差异，以及人格特质与运动能力之间的关系，为运动员人格特征领域研究者提供借鉴。应用案例介绍了我国优秀皮划艇运动员的人格特质、我国优秀拳击运动员的大五人格特征，以及我国运动员的典型人格类型，为优秀运动员心理选材提供应用参考。

一、研究案例

案例 1　大五人格维度对运动相关应对策略的影响

应对策略对运动表现很重要，而个体差异可能会影响运动员所采用的应对策略。Allen 等人于 2011 年开展了一项研究，探讨了大五人格维度对运动相关应对策略的主效应和交互效应，并比较了不同运动员群体的人格特征。共有 34 个不同运动项目的 253 名运动员（187 名男性，66 名女性）参加了这项研究。参与者处于不同水平，包括大学（$N=21$）、俱乐部（$N=90$）、区域（$N=89$）、国家（$N=27$）、国际（$N=13$）水平。他们的平均年龄为 21.1 岁（$SD=3.7$），平均运动年限为 10.4 年（$SD=5.1$）。研究者采用大五人格量表、运动应对功能问卷对参与运动员开展调查。在完成问卷之前，所有运动员都提供了知情同意书。

大五人格量表用以评估运动员的人格特征。量表共包含 60 道题目，分为外倾性、宜人性、尽责性、神经质、开放性五个维度，采用李克特五点计分方式。本研究中，该量表的 α 系数取值 0.63～0.86，信度良好。采用运动应对功能问卷评估运动员的应对策略。该量表包含 18 个条目，涉及以回避为中心的应对、以情绪为中心的应对和以问题为中心的应对 3 个维度。参与者被要求考虑他们在运动竞赛中的典型反应，而不是他们想如何应对或他们认为应该如何应对压力。采用李克特五点计分方式，本研究中，该量表的 α 系数取值 0.83～0.91，信度良好。全部问卷调查大约需要 20 分钟完成。研究者对收集的数据进行统计分析。

研究结果表明，个人运动与团体运动在人格维度上存在显著差异。相较于团体运动项目运动员，个人项目运动员表现出更高水平的尽责性与开放性，以及更低水平的外倾性和神经质。运动员人格特征在性别方面存在显著差异，相较于男性运动员，女性运动员在报告中显示出更高水平的神经质、宜人性和尽责性。本研究中高水平运动员（国家、国际水平）和较低水平运动员（大学、俱乐部水平）的人格特征存在显著差异，表现为高水平运动员展示出更低水平的神经质，以及更高水平的尽责性和宜人性。

在应对策略方面，外倾性、情绪稳定、开放性强（三因素交互作用）的运动员报告了更多的以问题为中心的应对策略的使用；尽责性运动员（主效应）以及表现出高水平外倾性、开放性和宜人性（三因素交互作用）的运动员则报告更多地使用以情绪为中心的应对策略；而开放性水平低或神经质水平高的运动员（主效应），报告更多地使用以回避为中心的应对策略。这些发现表明，人格五因素模型可以帮助区分不同程度的运动参与，并可以帮助确定运动员在参与过程中可能采用的应对策略。

参考文献

ALLEN M S, GREENLEES I, JONES M. An investigation of the five-factor model of personality and coping behaviour in sport[J]. Journal of Sports Science, 2011, 29(8):841-850.

案例 2　男女运动员人格特征的差异

Pedersen 早在 1997 年就考察了男性运动员与女性运动员的人格特征。他招募了 204 名参与者对男性运动员和女性运动员的人格特征进行评分。参与者是来自于美国西部一所大型私立大学的心理学本科生，其中包括 133 名男性,71 名女性。男性的平均年龄为 23.5 岁($SD=3.0$),女性的平均年龄为 22.7 岁($SD=2.9$)。

所有的评分者均需要对男运动员和女运动员进行评分,包括 11 个特征题目,采取 7 点计分。11 个题目分别为目标导向的-混乱的、有组织的-无组织的、遵守规则的-异质的、文化的-自然的、公众性的-私人的、工具性的-表达性的、控制的-受控的、支配的-服从的、竞争的-合作的、进取的-顺从的、主动的-被动的。评分越偏向双级语义的左侧,评分越高。研究者对收集的数据进行统计分析。

男性评分者与女性评分者的评分没有显著差异,所以合并两组的评分以检验男性运动员和女性运动员的人格特征差异。结果显示,男性运动员与女性运动员的人格特征存在显著差异,男性运动员被评为更加活跃,更具侵略性、竞争性、支配性、控制性、工具性和公众性,而女性运动员则被评为更以目标为导向、更有组织性、更有规则。这些特质集群表明,男性运动员在传统上通常被认为拥有更多与成功相关的人格特质,即更具男性化的特征。另一方面,女性运动员的特质表明,她们可能采取更具合作性、更详细的策略去训练。

参考文献

PEDERSEN D M. Perceived traits of male and female athletes [J]. Perceptual and Motor Skills, 1997, 85(2):547-550.

案例 3　人格特质与运动能力之间的关系

为了调查人格特质和运动能力之间的关系,Malinauskas 等人于 2014 年开展了一项横断面研究。他们招募了 376 名健康年轻男性参与本次研究,平均年龄为 23.8 岁($SD=3.5$),其中包括 169 名运动员和 207 名非运动员。针对研究目的,研究者提出如下 3 个假设:①运动员的尽责性将高于非运动员,运动员的神经质将低于非运动员;②在运动员群体中,耐力型运动员的神经质和尽责性将高于力量型运动员和团体项目运动员;③神经质和尽责性与运动能力呈正相关,而大五人格特质的其他 3 个特质,即开放性、外倾性和宜人性,与运动能力的相关性较弱或不显著。

从立陶宛体育联合会的登记册中随机选择运动员群体,他们每周至少训练 3 次并参加过比赛。根据运动员的运动项目,将所有运动员分为以下 3 组:团体项目运动员（$N=35$,30 名篮球运动员、3 名足球运动员和 2 名排球运动员）、力量型运动员（$N=64$,26 名田径短跑运动员、跳跃运动员及投掷运动员,24 名格斗运动员,16 名健美运动员）、耐力型运动员（$N=70$,54 名长跑运动员、12 名公路自行车运动员、2 名乒乓球运动员和 2 名滑雪运动员）。在组间和组内,运动员在年龄和竞赛水平方面是同质的,并且已经训练了至少 3 年。非运动员群体（在过去 5 年中未参与任何每周超过 2 小时的运动训练）作为对照组。

通过标准的 2 天测试获取参与者的 26 项运动能力指标,包括火烈鸟平衡测试、协调/手动灵活性测试、手指敲击测试、引体向上和血压反应、握力测试、静态跳跃和反向运动跳跃等。所有参与者同时完成了大五人格量表。大五人格量表包含 60 个条目,分为宜人性、神经质、外倾性、开放性和尽责性 5 个维度,采用 5 点李克特评分。本研究中,该量表具有良好的信度（克隆巴赫 α 值的范围为 0.68～0.83）。

通过对收集的数据进行统计分析,发现运动员的尽责性得分高于非运动员,但其他人格特征的得分在各组之间没有统计学差异。此外,团体运动运动员的外倾性得分显著高于耐力型运动员,3 组运动员在宜人性、神经质、开放性和尽责性方面的得分没有显著差异。最后,相关性分析展示了运动员人格特质与运动能力不同维度之间的一些积极或消极的关系,然而,这些相关性都很弱。也就是说,人格特质与运动能力之间没有很强的相关性。

参考文献

MALINAUSKAS R, DUMCIENE A, MAMKUS G, et al. Personality traits and exercise capacity in male athletes and non-athletes[J]. Percept Mot Skills, 2014, 118(1):145-161.

二、应用案例

案例 1　运动员的人格特质——我国优秀皮划艇运动员案例分析

案例

每个人都是独一无二的个体,有着与众不同的独特人格,受遗传、经验、学习、成长与环境等因素交互作用的影响。当个体在面对外在环境刺激及所有的人、事、物时，会显现出一种一致、持久的特征。西方一些体育发达的国家，如美国、英国等，早已将运动员的人格特质应用于训练和选材上。在同一运动项目中，在运动技术水准不同的运动员之间，其人格特质有差异。人格特质不仅影响人的行为模式，而且与优秀运动员的良好的运动表现息息相关。国内关于运动员心理技能的研究相当多，探讨不同项目运动员心理训练的研究也比较多。但是，针对我国优秀皮划艇运动员人格特质的研究较少。

问题分析

(1)缺乏对我国优秀皮划艇运动员人格特质的研究：运动员的人格特质与运动能力及表现息息相关，但现在我国缺乏对于优秀皮划艇运动员人格特质的研究，导致皮划艇运动员在制订训练计划时缺乏一定的科学性。

(2)人格特质：人格特质又称个性，适用于表示个人的思想、感情和行为综合的一般形态，是个人与他人有所不同的持续且特殊的特质。人格特质是一种心理现象，不同人拥有不同的人格属性及特质，会产生不同的行为结果。因此，在瞬息万变的比赛中，运动员的人格特质对运动表现有着很大的影响。

原因分析

(1)我国优秀皮划艇运动员随着年龄的增加，其变得越来越善于理解人、关心人，训练越刻苦，越有自律性，参与大赛的经验越来越丰富，其也越来越自信。年龄越小的皮划艇运动员自律性越差，不善解人意，自信心不足，参加大赛的经验仍需培养。

(2)我国优秀皮划艇运动员的训练年限越长，其人格特质越表现出运动员特有的雄心、毅力、强自我约束力；他们的想象力也越来越丰富，喜欢多样化，越来越注重独立思考及判断，更愿意不断吸收和获取新的经验。

(3)我国优秀皮划艇运动员人格特质的开放性、严谨性因子均值得分越高，运动表现越好，越有可能发挥出好的竞技状态，创造优异的成绩；开放性、严谨性因子均值得分越低，运动表现越一般，越有可能发挥不出好的竞技状态，也难以取得优异的成绩。

解决方式

(1)可使用人格特质来了解选手特质，针对选手人格特质给予合适的心理技能训练，以提升运动技术水平。

（2）运动员应接受有系统的心理技能训练及辅导，并能将心理技能训练运用在重大比赛情景中。

参考文献

林琳，吕晓昌，孙研红，等.我国优秀皮划艇运动员人格特质的研究[J].山东体育学院学报，2011，27(3)：48-51.

案例2　运动员的大五人格——我国优秀拳击运动员案例分析

案例

世界拳击理事会会议曾决定禁止印度尼西亚运动员参加国际比赛6个月，原因是印尼那些年连续发生运动员比赛死亡事件。据新华社报道，2004年11月年仅20岁的职业拳手安托纽斯·莫赛斯在印尼拳击委员会主办的“金腰带”杯青年赛比赛中被泰国选手击中头部颅内出血死亡，杰克·然在时隔一个月后在8回合比赛中被本国拳手击倒后昏迷不治身亡，巴拿马城桑托·托马斯医院于当地时间2004年12月7日宣布3号在科隆市举办的拳赛中被击倒入院的哥伦比亚拳手卡洛斯·梅萨脑死亡。

由于诸多事故频发，拳击运动在许多人眼中基本与攻击行为画上了等号。由此，人们也提出了疑问，拳击运动员的人格因素是否会与他们日常的攻击行为有关？而相关研究对此的回答是大五人格中的神经质维度得分更高的拳击运动员的确在日常生活中也更容易产生攻击行为。而大五人格中宜人性、责任性、外倾性维度中得分更高的拳击运动员则在日常生活中更不容易产生攻击行为。

问题分析

攻击行为倾向与拳击运动员的人格特质有关。神经质的人格特质会增加拳击运动员在日常生活中的攻击行为倾向。宜人性、责任性、外倾性的人格特质会减少拳击运动员在日常生活中的攻击行为倾向。

原因分析

大五人格将人格分为神经质、宜人性、责任性、外倾性和开放性五个维度。神经质反映个体情感调节过程，反映个体体验消极情绪的倾向和情绪不稳定性。由于神经质水平较高的个体心理压力较高，不现实的想法、过多的要求和冲动较多，更容易体验到愤怒、焦虑、抑郁等消极的情绪，因而更容易产生攻击行为。宜人性考察个体对其他人所持的态度，宜人性高的人是善解人意的、友好的、慷慨大方的、乐于助人的，愿意为了别人放弃自己的利益。责任性指人们控制、管理和调节自身冲动的方式，评估个体在目标导向行为上的组织、坚持和动机，反映了个体自我控制的程度以及推迟需求满足的能力。外倾性表示人际互动的数量和密度、对刺激的需要以及获得愉悦的能力。外倾性人喜欢与人接触，充满活力，经常感受到积极的情绪。因此，宜人性、责任性、外倾性较高的人更友好、乐观，更能够控制自我行为，也就更少地表现出攻击行为倾向。

解决方式

教练员应了解运动员的人格特质，以便于人格特质的角度开展运动员攻击行为的干预。

参考文献

陈欣，张国栋，梁小冰，等.拳击运动员人格特质与攻击行为的关系：自我控制的中介作用[J].体育与科学，2017，38(6)：96-104.

案例3　运动员的人格类型——我国运动员的典型人格

案例

北京冬奥会结束不久，“谷爱凌的 MBTI 是 INTJ”[“MBTI”(Myers-Briggs type indicator)指迈尔斯-布里格斯人格类型测试，“INTJ”指建筑师人格(architect personality)]上了微博热搜。与此同时，热搜上还有很多奇怪的字母，如 INFP、ENFJ、ENTP 等，起因是谷爱凌在一档采访里说：“我说我是个内向的人，网上大家都不信，但我的 MBTI 是 INTJ。”此后，MBTI 测试一时风靡全国。一项研究也对我国优秀运动员进行了人格测试，发现 ESFJ、ESFP 和 ISFP(均为代码)三种人格类型是我国运动员的典型人格类型，并且在更加关注与本体感受的闭锁式运动项目中，INTJ、INFJ 和 INTP(均为 MBTI 代码)是运动员典型人格类型。

问题分析

高水平运动员似乎都有较为相似的性格特点，以及超出常人的心理素质。我国高水平运动员的人格类型的确存在一定的趋同性。并且，基于项目特点的不同，闭锁式运动项目的运动员人格类型往往与其他项目运动员的人格类型有所差异。

原因分析

MBTI 是 Myers-Briggs 母女以瑞士心理学家荣格的心理类型理论为基础编制的人格测评工具，将人格分为外倾-内倾、感觉-直觉、思维-情感、判断-感知四个维度，这四个维度可以组成 16 种人格类型。ESFJ、ESFP 和 ISFP 是我国优秀运动员的典型人格类型，其中都包含"SF"结构，即感觉、情感类型结构，这与我国运动员对实际经验感兴趣，喜欢使用和钻研已知的技能，善于处理人际关系，具有较强的沟通交流能力等表现相符。而多数运动员都属于"E"，即外倾类型，也与大多数运动员更加开朗外向、善于沟通的现状一致。由于闭锁类运动员更需要对本体进行感受，因而会更加关注个人的想法，沉浸于自我的世界。因此，他们多数属于"IN"，即内倾、直觉类型。

解决方式

教练员和运动员应该更加了解运动员自身人格类型的特点，以科学认知运动员的人格特征为基础，充分发挥和调动运动员心理特征的优势与潜能。

参考文献

王秀强，姬庆春，毛丽娟.运动员的人格类型研究[J].上海体育学院学报，2016，40(1)：67-73.

第六章 运动活动的认知过程

本章围绕运动活动中的认知过程专题选取了四项研究案例和三项应用案例。研究案例介绍了攀岩者和非攀岩者运动感知差异研究案例、篮球罚球表象训练实验研究案例、静眼支持运动表现的神经生理学依据研究案例，以及运动决策中的无意识思维研究，为运动认知领域的研究者提供研究性思路和方法借鉴。应用案例介绍了如何利用内隐记忆促进技能学习，注意状态对于排球体育教学的影响，以及注意焦点训练对于提高短跑项目中起跑技术的实践应用。

一、研究案例

案例 1 攀岩者和非攀岩者测试时间、记忆和定位的差异

作为一种增强身心健康的运动，运动攀岩越来越受欢迎。前人研究表明，攀岩与神经认知功能的改善之间存在正相关关系。Marczak 等人于 2018 年开展了一项研究，旨在确认攀岩者和非攀岩者测试时间、记忆和定位的差异。

样本包括 30 名运动攀岩者[15 名男性，15 名女性；年龄为(25±4)岁]，他们连续 5 年定期(每周 3～5 天训练)攀岩。所有运动攀岩者的攀岩难度级别都达到了 7b。年龄和性别相匹配的对照组[15 名男性，15 名女性；年龄为(24±6)岁]由没有以针对性和系统性方式进行运动的个人组成(他们没有加入体育俱乐部、健身房，没有跟随教练训练)。所有参与者($N=60$)都是右利手。所有运动员和对照组都知情同意参加这项研究。

触觉表现测试(Halstead-Reitan 成套测验)用于测量认知功能(时间、记忆、定位)。使用的测试工具是一块尺寸为 45.5 cm×30.2 cm×2.1 cm 的木板，带

有10个切割几何孔，用于10个匹配对象，即十字形、三角形、半圆形、圆形、矩形、六边形、菱形、星形、椭圆形和正方形。每个图形对应一个孔。在测量之前，所有图形都被随机化并分布在一张桌子上。研究的第一部分包括三项试验。在每个任务开始之前，参与者被告知在该试验中的具体任务。在第一次试验中，使用惯用手（在此研究中是用右手）将图形放置在适当的测试孔中。在第二次试验中，用从属手（此研究中是左手）执行。在第三次试验中，用双手完成。研究的第二部分在第一部分之后立即进行。参与者被要求在纸上画出之前通过触摸记忆的所有图形形状。他们被要求以原始布局绘制对象。这部分测试没有时间限制。此外，图形的数量、形状和布局也没有任何提示。对于研究的第一部分，完成任务的时间（以秒为单位）是表现的衡量标准。对于第二部分，记忆测试表现对应于参与者在纸上正确重建图形的数量（最多10个）。定位是指在卡片上绘制的正确图形尽可能靠近棋盘（最多10个）。采用SPSS软件（版本21.0）进行统计分析。

研究结果显示，运动攀岩者和对照组在时间、记忆和定位方面存在显著差异。与对照组相比，攀岩者有更高的记忆力、位置比率和更低的时间比率。运动攀岩者的认知功能表现在对触觉输入的更快识别和区分，更好的空间感知、触觉感知和运动记忆上。

参考文献

MARCZAK M, GINSZT M, GAWDA P, et al. Neurocognitive functioning of sport climbers[J]. Journal of Human Kinetics, 2018, 65:13-19.

案例2 如何提高专项运动成绩——一项篮球罚球表象训练实验研究

【研究目的】

传统表象训练要求受训者完成运动表象任务时具有一定的盲目性和无差别性，这些缺陷的存在导致运动成绩变化与运动表象强化的具体关系无法得以体现。设计运动表象训练方案时应考虑运动任务的实际特征，选择有针对性的表象训练内容，不断强化运动员相应的运动表象能力，以提高运动成绩。

【实验设计】

借鉴国内外运动表象训练研究经验，提出基于某项运动任务（罚球）的有针对性的表象训练方案（专项表象训练）并付诸实践，包括确认运动表象训练内容、实施表象训练、控制表象训练过程和检验训练结果等 4 个阶段。为了检验专项表象训练是否比整体表象训练更有效，共随机招募 2 组被试（每组 6～7 人），分别进行技术与整体表象训练和技术与专项表象训练，且分别在前测、第四次训练和第八次训练后及时进行罚球和运动表象测试。

(1)专项表象训练目标专项（非指某个运动项目如篮球、足球，而是指某个运动任务如投篮、射门）：表象训练的目标是帮助被试者形成取得优秀运动成绩所需的运动表象能力，即在某项运动任务中取得优秀成绩主要动用的 5 种运动表象中的某一种或几种。5 种运动表象可细分为特殊认知表象（cognitive-specific imagery，CS）、一般认知表象（cognitive-general imagery，CG）、激发控制动机表象（motivational general-mastery imagery，MGM）、激发唤醒动机表象（motivational general-arousal imagery，MGA）和激发特殊动机表象（motivational-specificimagery，MS）。

(2)本文以篮球罚球（运动任务）为观测指标，将《运动表象测量问卷》（Sport Imagery Questionnaire，是测试运动表象特征的主要工具）修订为《运动表象测量问卷-罚球》（以下简称《问卷》），经 30 名体育专业大学男生试用后予以完善定稿。

(3)罚球成绩计算：为了更细致地测评其投篮技术水平的变化，将被试站在罚球线处投篮命中记 3 分、刷筐不进（多次接触篮筐内侧）记 2 分、碰筐不进记 1 分、偏筐记 0 分。

【具体测试和方案设计】

(1)明确高质量完成某项运动任务的表象特征：通过《运动表象测量问卷-罚球》测试，发现高水平篮球运动员罚球时使用较多的表象为 CG、CS 和 MGM，且 CG 与高罚球命中率呈显著相关。

(2)实施专项表象训练：通过心理辅导，在训练前使运动员认识到表象训练的作用、计划和要求，并进行心理动员；根据训练计划，采用有针对性的训练内容对运动员进行专项表象训练。

(3)监控训练效果，修订专项表象训练内容：通过比较训练前后罚球命中率、偏筐率、运动表象特征等指标评判篮球运动员罚球专项表象训练的有效性，并在此基础上结合教练员和运动员反馈的建议，修订表象训练方案，确定新的表象训练内容。

(4)通过运动成绩、运动表象特征、心理控制能力、生物反馈等指标检验专项表象训练效果。

通过运动表象测试、罚球测试,可检验一般认知表象训练是否有助于提高运动员的罚球成绩。

【研究结果】

结果显示:4 次训练无法充分体现技术、整体表象训练与技术、专项表象训练的效果差异(效果量为 0.1),但经过 8 次训练,2 种训练方法对罚球成绩影响差异的效果量达到中等水平(0.52),对专项运动 CS 影响差异的效果量较大(0.65),且技术与专项表象训练组形成了类似于优秀运动员的罚球表象特征。这提示专项表象训练对提高运动成绩的贡献更大。

此研究结果提示:①获得优秀运动成绩需要特定的运动表象结构;②专项表象训练具有联动效应,可带动其他运动表象功能向优秀运动员罚球表象特征靠近;③提高篮球罚球成绩的运动表象训练可主要采用 CG 性质的内容。因此,不仅运动表象训练有利于提高罚球成绩,CG 训练还会带动 MS、MGA 和 CS 水平同步增长,针对提高罚球成绩的运动表象训练可以 CG 为主,无须额外进行 MS、MGA 或 CS 训练。但 MGM 在运动表象训练中的作用值得重视。

【研究结论】

运动表象训练应结合运动任务,制订有针对性的表象训练方案,不需要表象运动任务全过程或动用 5 种运动表象功能;强化某项或某组运动表象能力既可提高表象训练效益,也能减轻运动员的心理负担。

【述评】

本研究以运动表象细分为切入点,通过篮球罚球测试,以《运动表象测量问卷-罚球》为观测对象,并运用多种分析方法,对专项运动成绩与运动表象训练之间的关系进行分析与讨论。结果说明,专项表象训练方案应根据相应的运动训练目标制订,既可避免表象训练内容(心理训练)与运动训练内容(技术训练)性质的冲突,又能从理论上说明这有助于提高表象训练效益。此外,此研究专项表象训练建立了表象训练内容与训练效果之间的清晰联系,通过检验运动表象特征和运动成绩的变化,可发现促进或抑制表象训练效果的因素,使表象训练方案在未来得到进一步优化。而且,这一结果强调了运动员完成运动任务会使用的运动表象的 5 种功能,但不同运动任务的运动表象存在差异,且 5 种运动表象发挥的作用也不同。

本研究理论架构明确、设计合理、方法得当、思路清晰、结论准确。这一结论揭示了专项表象训练在提高运动成绩、形成类似优秀运动员的运动表象特征方面具有更好的功效。

参考文献

游茂林，刘良辉，樊荣，等.专项表象训练方案设计与效果测评——以篮球罚球训练为例[J].上海体育学院学报，2020，44(11)：28-37.

案例3　静眼支持运动表现的神经生理学依据

静眼被定义为在关键动作之前，对特定区域一定范围内（1°～3°视角）的、持续时间不短于100 ms（或120 ms，即3帧，依眼动仪采样率而异）的最后注视时间或追踪时间，它与各种类型的瞄准和拦截任务的更优表现相关。然而，静眼影响运动的表现机制尚不清楚。目前，存在两种主流假说，即预编程假说和在线控制假说。预编程假说从认知加工的角度解释静眼的积极作用，如Vickers认为，静眼能够促进信息预处理并提供足够的时间来计划和微调后续运动；而在线控制假说则认为，在动作执行过程中提取的视觉信息对动作表现至关重要。鉴于此，Xu等人于2021年开展了一项高尔夫推杆实验，旨在采用神经生理学方法探究预编程和在线控制两种主流假说的有效性。他们提出如下研究假设：成功的高尔夫推杆与更长的静眼期、静眼前期以及静眼后期相关，同时与更大的运动相关皮层电位活动有关。

本研究从大学校园招募了21名参与者[平均年龄：(21.71±1.95)岁]。所有参与者均为右利手，视力正常，均为高尔夫推杆新手。实验任务是将一个高尔夫球推入半径为5 cm的球洞中心。在高尔夫球洞外增加3个半径分别为10 cm、15 cm和20 cm的同心圆，以评估推杆表现。如果高尔夫球进入球洞，则记录为成功，如果高尔夫球超出最外圈，则记录为失败。参与者站在距离球洞中心2 m的标记点上，尽可能准确地将高尔夫球推向球洞。在推杆之前，他们被要求聆听E-Prime软件发出的两声提示，第一声表示准备，第二声提示击球。两次声音之间的间隔为5 s，每次推杆总共持续20 s。在实验期间，通过设备测量参与者的眼电、脑电、肌电。实验任务由一名实验者演示一次，随后每个参与者进行20次推杆以熟悉流程，正式测试包括100次推杆，50次推杆后休息

5 分钟。对静眼数据以及运动相关皮层电位活动数据进行离线分析。

研究发现，与失败的推杆相比，成功的高尔夫推杆与更长的静眼期、静眼前期和静眼后期相关。同时，与失败的推杆相比，在成功推杆期间，在前额叶皮质、前运动皮质和顶叶皮质内观察到更大的皮层电位活动。这些发现表明，静眼在支持高尔夫推杆表现方面同时发挥了预编程和在线控制的作用。

参考文献

XU S，SUN G，WILSON M R. Neurophysiological evidence of how quiet eye supports motor performance[J]. Cognitive Processing，2021，22(4)：641-648.

案例 4　运动决策中的无意识思维研究

苗秀影和迟立忠于 2017 年开展了一项研究，他们以 81 名篮球专业的大学生为被试，通过篮球视频，考察运动决策中的无意识思维效应。

实验参与者为国内某体育大学篮球运动员，共 36 人，其中，无意识思维组 18 人，意识思维组 18 人。采用 2(思维模式：意识思维、无意识思维)×2(决策信息：直觉性决策信息、分析性决策信息)混合实验设计。决策测试采用自编的篮球决策系统。实验时向被试呈现篮球视频，告知被试将自己视为视频中的持球运动员，要求其判断持球运动员接下来的动作是传球、投篮，还是突破。将被试随机分为意识思维组和无意识思维组。实验前，告知意识思维组的被试："研究表明，在认真看完呈现的篮球比赛视频后，对其进行深思熟虑能做出最好的选择，因此，请观看完视频后进行 2 分钟的认真思考，随后进行选择。"实验前，告知无意识思维组的被试："研究表明，在认真看完呈现的篮球比赛视频后，先将注意力从该视频的内容中转移出来，从事其他无关的任务，更有助于对其进行决策，因此，请在看完视频后认真完成一个 2 分钟的 0-back 任务，对随机出现的数字(1～9)进行按键反应，随后进行选择。"为平衡实验误差，向每组一半被试呈现直觉性决策信息视频(0.4 秒/个)后呈现分析性决策信息视频(1 秒/个)，向另一半被试先呈现分析性决策信息视频(1 秒/个)后呈现直觉性决策信息视频(0.4 秒/个)。研究结果表明，呈现直觉性决策信息时，无意识思维组的决策效果好于意识思维组。

实验 2 参与者为 45 名国内某体育大学篮球运动员。被试被随机分为整体加工组、控制组和局部加工组，每组 15 人。采用单变量三水平（加工方式：整体加工组、局部加工组、控制组）的组间设计，因变量为决策正确数。实验程序与实验 1 中的无意识思维组大致相同。实验前，告知所有组的被试："研究表明，在认真看完呈现的篮球比赛视频后（0.4 秒/个），先将注意力从该视频的内容中转移出来而从事其他无关的任务，更有助于对其进行决策。"然后，告知整体加工组在看完视频后（0.4 秒/个）认真完成一个 2 分钟大字母辨别任务，判断复合刺激中的大字母是"H"还是"S"，随后进行选择。局部加工组在看完视频后认真完成一个 2 分钟的小字母辨别任务，判断复合刺激中的小字母是"H"还是"S"，随后进行选择。控制组在看完视频后认真完成一个 2 分钟 0-back 任务，对随机出现的数字（1～9）进行按键反应，随后进行选择。被试完成分心任务后，进行决策判断。研究结果显示，整体加工组的无意识思维决策效果最佳。综上表明，直觉性决策信息下，启动被试的整体加工方式，其无意识思维的决策效果会有所提升。

参考文献

苗秀影，迟立忠.运动决策中的无意识思维研究[J].心理科学，2017，40(2)：329-334.

二、应用案例

案例 1　以前的技能是否会影响现在的体育学习？——体育学习中的内隐记忆

案例

某高校网球体育教师在进行公共体育课授课时发现，当教授一项新技术时，体育学院学生的学习速度比非体育学院学生学习速度快，用时较短。并且，在非体育学院学生中，有一些其他运动经验的学生，学习新的运动往往比没有运动经验的学生快。

问题分析

有运动经验的学生的学习效率比没有运动经验的学生更高，表明以往运动经历对体育学习具有积极影响，即使学生本身已遗忘以往某一项体育技能，但在学习新技能时往往受益于过往经历。

原因分析

在无意识或不主动回忆的情况下，个体的以往经验会自动对当前的任务产生影响，这种记忆便是内隐记忆。对于运动技能学习，大部分教师和学生都采用外显学习的方式，通过教师示范、直观展示，让学生记住动作要领、细节，从而进行反复训练，达到运动技能学习效果。但对于学习一些复杂的，特别是开放性的运动技能，外显学习不如内隐学习更有效。学生在经过运动技能学习后，并不一定能够完全清楚意识到所有的学习信息，但在之后的学习中，这种不能明确意识的信息往往会得到体现，促进新的学习表现。即使有些同学说已经忘记了以前的体育技能，不能回忆出学习内容，也并不意味着这种忘记是全部遗忘，实际上，记忆是以内隐的方式存在。研究表明，多数早期进行多项或单项体育运动项目训练的儿童，对之后的体育项目的喜爱度往往更高，单项技能学习速度也更快。

解决方式

(1)教师应转变教学观，在教育活动中，不仅要重视外显学习方式，还要关注内隐学习，使内隐和外显学习方式相辅相成。

(2)采取多种教学方法，在进行体育教学时，教师应该采取任何可能的方式为学生营造不同的练习环境，令学生置身于其中，在不同的环境下体会、领悟和使用某种运动技能，促进运动技能掌握。

(3)学生自身也要提高体育能力和体育素质，良好的身体素质是体育技能的载体，能够为内隐学习创造更多的条件。

(4)学生和教师在体育教学和学习中要注重反复练习，增强学习者对动作技能的自动化，促进更有效学习。

参考文献

[1]范文杰.内隐记忆和内隐学习研究对体育教学的启示[J].广州体育学院学报，2001，21(3)：36-38.

[2]孙亚蜀，张妍，任俊.内隐学习的应用研究及其对体育教学的启示[J].中国特殊教育，2013(2)：92-96.

案例 2 注意状态与技能习得——体育教学中排球运动的案例分析

案例

排球是球类项目之一，与篮球和足球构成三大球。排球运动是一项对注意力有极高要求的运动，要求运动员在短暂的时间里迅速转移与集中注意力。排球的一分可能需要双方进行数十次击球，比较激烈，对注意力要求较高。教练员或教师需要在平常的训练或教学过程之中对运动员进行注意力训练，尤其是在动作技能的习得过程中。

问题分析

(1)排球运动教学现状：排球运动具有激烈的对抗性，在比赛过程中，比赛双方的攻防转换始终是在激烈的对抗中进行的，且排球还具有击球次数的限制，在比赛过程中，运动员需要十分集中注意力。因此，在日常训练和教学过程中，对运动员或者学生进行注意力训练是极其必要的。

(2)注意状态：注意指的是人的心理活动对一定对象的指向和集中。注意可以让人体敏锐感受四周环境的变化与刺激，并及时做出本能的反应。注意力高度集中往往是人们完成某项活动或任务的必备条件。

在体育教学过程中，学生如果可以很好地集中注意力，保持良好的注意状态，尤其是在排球等需要高度集中注意力的项目中，教师可以更好更快地进行动作示范和讲解，提高教学质量。

解决方式

(1)准备良好的体育器材，良好的体育器材是开展较高水平体育教学的必备硬件条件，也是吸引学生注意力最可行的方法之一，同时也可以很好地调动学生的好奇心。学生的好奇心是其主动进行学习的开始，因此，教师应努力调动学生的积极性，尤其是在开始学习新技能时。

(2)善于运用注意力转化的规律组织教学训练。有意注意和无意注意在同一活动中是相互联系和转化的。如果仅用一种注意方式进行教学训练，容易导致学生疲劳，因此需要教师或教练员善于运用各种注意转化的规律进行教学或训练。有意注意是搞好训练的保证，但仅培养有意注意会导致学生难以完成复杂的训练任务，克服困难的自制力也得不到发展，因此，教师和教练员要善于运用各种注意相互转化的规律组织教学。

参考文献

[1]刘洋.体育教学中学生注意状态的有效控制[J].教学与管理，2013(15)：120-122.

[2]宋元平，文才新.排球运动员注意状态的探讨及其练习[J].安徽师范大学学报(自然科学版)，1999(4)：367-369.

案例3　如何提高短跑项目中的起跑技术水平——注意焦点训练

案例

在经过一段时间的短跑技术学习后，某同学的途中跑和终点跑速度得到了有效提高，但是起跑反应慢，从而降低了他的整体运动表现。在起跑时，研究者发现他的身体紧张僵硬，询问他原因时，他说总想完成正确的手臂和腿部动作，因此总是会有意识地调整身体动作。

问题分析

该同学的起跑部分存在注意偏差问题，过度关注自身反而会忽视发令枪、起跑线等关键因素，导致起跑速度变慢，降低短跑运动表现。

原因分析

这种关注点出现偏差的原因可由注意焦点理论解释。注意焦点是学习者将心理资源定向于掌握和完成技能的某个方面，注意焦点训练则是通过采用不同的注意焦点来调控运动者的关注点，从而实现心理资源的合理分配，提高学习和运动表现。根据方向不同，可将注意焦点分为外部注意焦点和内部注意焦点，在起跑技术中，学习者的外部注意焦点指起跑器、鸣枪、跑道，内部注意焦点指个体关注自身肢体，如摆臂、蹬地动作。

上述案例中，该同学在起跑中形成了内部注意焦点，经过长时间练习，他已经掌握了正确的起跑动作，但过度关注身体动作会分散大脑精力，影响大脑对起跑过程的处理速度，还会打乱原有的起跑动力定型，影响起跑运动表现。

解决方式

首先，应该明确规范动作，教师应该对其动作的正确性进行肯定。其次，应该进行外部注意焦点训练，在该同学的起跑练习过程中，不断进行外部注意焦点指导，充分发挥身体机能和大脑处理功能，通过指导语将该同学的起跑关注点调整至鸣枪、跑道、终点线等外部因素，如在起跑准备时，告诉他要集中注意力到枪声，起身之后要想着冲过终点线。在单次起跑练习结束后，还应该令他自己进行回顾反思，思考自己当时关注点在哪、是否正确。教师还应给予反馈，告知他这次起跑反应时为多少，相比之前的变化又是怎样。只有进行起跑前指导、起跑后自主反思和外部反馈，才能有效调整学习者在学习和完成运动技能中的关注点，合理分配注意资源、提高运动表现。

参考文献

许翀.不同注意焦点训练对短跑起跑表现的影响[J].武汉体育学院学报，2017，51(10)：93-100.

第七章　运动技能的形成过程

本章围绕运动技能的形成这一主题介绍了三项研究案例和三项应用案例。研究案例介绍了乒乓球高手与新手在复杂的认知-运动双重任务中的表现差异，基本运动技能的运动能力与运动技能学习的关系，以及AR对运动技能学习的影响，为运动技能领域研究者提供思路和方法借鉴。应用案例介绍了运动技能迁移在运动学习中的应用，高校游泳技术教学中运动技能形成，以及篮球运动技能形成过程，为体育教师、教练员提供实践指导。

一、研究案例

案例1　乒乓球高手与新手复杂的认知-运动双重任务表现差异

关于运动技能学习的理论预测，较早的学习阶段需要更多的注意力，与专家相比，认知-运动双重任务对新手的干扰更高。Schaefer与Scornaienchi在2019年开展了一项研究，探究在复杂的认知-运动双重任务中，专家与新手的表现情况。

研究共招募了22名参与者，每组有11名参与者。专家参与者是从卢森堡林格的一所乒乓球俱乐部中招募的，由8名男性和3名女性组成。他们的平均乒乓球经验为14.5年($SD=4.4$)，所有人每年都定期参加数次乒乓球比赛。新手组由5名男性和6名女性组成，他们中没有一人将乒乓球作为一项运动或一项常规的休闲活动。所有参与者的视力和听力均正常或矫正至正常，并对研究表示知情同意。作为背景变量，使用数字符号替换任务测量感知运动速度。结果显示，样本在平均年龄或数字符号替换分数方面没有差异。

研究使用标准乒乓球台（长 274 cm，宽 152.5 cm，高 76 cm，净高 15.25 cm）。乒乓球机器人被放置在场地对侧的正中央，固定在桌子边缘。该机器以 4000 ms 的间隔向参与者发球。球总是到达对面的同一个位置，距离桌子后边缘 15～20 cm。受试者被指导将球反击到桌子左侧和右侧的目标区域。目标区域尺寸为 40 cm×40 cm，位于距台面外界 15 cm、距网 18 cm、距侧面 18 cm处。受试者被指示将球击回目标区域，不断在两个目标位置（即左、右、左、右……）之间交替。一项试验由 32 个球组成，报告的分数是成功击中正确目标区域的次数。

在单任务阶段，参与者在没有任何并发活动的情况下执行 3-back 任务。3-back任务是具有强大更新组件的工作记忆任务。受试者听到连续的数字流，并被要求将当前数字与序列中的前 3 个位置进行比较。如果数字相同，则受试者必须通过说“Ja”来回复。这些数字通过扬声器呈现，刺激间隔为 4000 ms。每个试验由 32 个刺激组成，其中 7 个是目标，需要通过回复“Ja”响应。3-back 任务中的错误可能发生在受试者错过目标，或者不正确向目标发出信号（对非目标说“Ja”）时。最终分数为命中数减去误报数。对于乒乓球单项试验，受试者只回球。在双重任务阶段，有以下两个条件：以交替方式呈现球和数字（球—数字—球—数字……），间隔为 2000 ms；或者同时呈现（球和数字-球和数字-球和数字……）。根据瓶颈理论，同时呈现球和数字的条件更加困难，从而导致表现出更大幅度下降。在双重任务试验中，受试者被要求“尽可能好地”击球并对 3-back 任务做出反应。

在知情同意后，参与者填写了一份关于人口统计信息（年龄、职业）和运动经验的问卷，然后给他们 5 分钟时间进行热身。之后，他们被指导进行 3-back 任务。进行了两次练习试验，参与者收到了关于他们分数的反馈（命中减去误报）。单任务和双任务以单任务—简单双重任务—单任务—困难双重任务—单任务的顺序开展。单任务模块中，每个任务（3-back 任务、乒乓球任务）开展 2 次，每个双重任务开展 4 次。最后，对实验数据进行统计分析。

研究结果显示，各组在单项任务中的 3-back 表现没有显著差异。认知-运动双任务中，新手认知和运动表现下降更为明显。专家双重任务成本约为 10%，而新手双重任务成本为 30%～50%。上述结果表明，新手在运动-认知双重任务条件下的表现会受到很大影响。

参考文献

SCHAEFER S, SCORNAIENCHI D. Table tennis experts outperform novices in a demanding cognitive-motor dual-task situation[J]. Journal of Motor Behavior, 2020, 52(2):204-213.

案例 2　基本运动技能的运动能力与运动技能学习的关系

Costa 等人于 2021 年探究了基本运动技能的运动能力与运动技能学习的关系。研究旨在调查基本运动技能的初始水平是否是学习更复杂运动技能的障碍，以及技能练习计划的差异（如连续/随机练习与随机练习）是否会影响运动技能的获得。Costa 等人假设，基本运动技能中，更高的运动能力水平和组合练习计划将有助于更有效地获得运动技能。

参与者为巴西西南地区一所公立学校的 38 名 9～10 岁的儿童，其中包括 14 名女孩和 24 名男孩。研究人员分析了每个参与者投掷和截击球的基本运动能力水平，因为它们与排球发球运动技能相关。参与者进行了 3 次基本运动技能，所有试验都进行了视频记录。分段分析模型列出了对每项技能所涉及的组成部分描述的清单，包括投掷时的手臂、躯干和腿/脚，以及截击时的手、手臂和腿。每个技能组件的得分范围为 1～3 分。最终，在本研究中，达到最高分的参与者被归类为高运动能力组，未达到最高分的参与者被归类为低运动能力组。

随后，参与者被分为 4 个组，即高运动能力-连续随机组、高运动能力-随机组、低运动能力-连续随机组、低运动能力-随机组。这项研究的主要结果是评定距离球网 3 m 的排球发球的表现。参与者位于“A”侧，面对位于球场另一侧的目标，任务的目标是将排球发到目标的中心（位于球场的“B”侧，距网 3 m）。研究者评估了参与者排球发球的运动模式和准确性，同时考察了球触地的球场区域，即 R1、R2 或 R3。该实验由 4 个步骤组成，即预测试、学习阶段、中间测试和存留测试。预测试由 12 次试验组成，每个服务区域有 4 次试验。在学习阶段开始之前，参与者观看了一段视频，视频中，专家熟练地执行过顶排球发球。学习阶段由 10 次练习课组成，每节课包括 21 次试验，共计进行 210 次试验。连续随机组通过不断练习学习阶段的前五节课内容，在 R2 开展所有试验，随后的课程从区域 R1、R2 和 R3 随机选择。随机练习组在所有练习课程中随机执行

R1、R2 和 R3 区域的试验。中间测试在第五节课和第六节课之间进行，保留测试在最后一节课之后的 72 小时进行。中间测试和存留测试都与预测试类似。

研究结果显示，从预测试到存留测试，仅高运动能力组在基本运动技能方面表现显著提升。也就是说，基本运动技能的初始能力会影响运动技能学习。总体来说，该研究指出了在学习过渡技能和特定运动技能练习时考虑基础运动能力的重要性。较低的基础运动能力可能是学习额外运动技能的障碍，与练习计划无关。因此，专注于为所有儿童，特别是幼儿期的儿童，培养足够的运动技能，对于整个儿童时期技能的连续和累积进步至关重要。

参考文献

COSTA C L A, CATTUZZO M T, STODDEN D F, et al. Motor competence in fundamental motor skills and sport skill learning: Testing the proficiency barrier hypothesis[J]. Human Movement Science, 2021,80:102877.

案例 3　增强现实技术对运动技能学习的影响

体育课是一门将体育知识与技能训练相结合的课程。视频辅助教学经常应用于体育运动；但是，它既不涉及互动练习，也没有体现课本学习和运动技能练习同步性。作为对视频辅助教学的补充，增强现实技术(augmented reality, AR)可将虚拟信息应用到学习对象上，从而将 3 维模型叠加到教科书中，让学习者在操作 3D 角色模型的同时阅读书籍。但目前，AR 辅助教学很少应用于运动技能训练中，为了验证 AR 辅助教学对学习成果、运动技能和学习动机的影响以及不同难度级别对教学材料的影响，Chang 等人于 2019 年开展了一项研究。

这项研究采用前后测准实验设计，即一个实验组和一个对照组。参与者是两个班级的七年级学生。他们被随机分为对照组(25 人)和实验组(27 人)。实验组结合课本材料和体育课 AR 辅助学习系统 AR-PEclass 软件进行学习，而对照组使用运动技能视频进行学习。实验组学生一边阅读书本资料，一边用载体的摄像头对准书本上的动作画面，调出 AR-PEclass 中的 3D 人物模型进行互动学习。对照组学生阅读课本材料和观看视频教学，两种不同材料之间没有互动。两组学生在两周内进行两次实验活动，每次 90 分钟。除学习辅助工具外，活动程序相同。两次实验活动的学习内容分别为基本跑步动作和 Mark 锻炼动作。Mark 锻炼动作是对跑步动作的拆解，将整个跑步动作分解为子动作进行练习。相对于基本跑步动作，Mark 锻炼动作的节奏和流畅度都比较难。区分两类内容是用来观察学习内容的难易程度和使用 AR 学习的有效性之间是否存在相关性。每次实验前，向两组学生介绍学习活动，使学生清楚了解活动和学习目标。他们同时完成了跑步知识成就测试（约 10 分钟的预测试）。实验组的学生在第一次实验前额外接受了移动载体操作的培训，以确保技术障碍不影响实验的进行。实验组和对照组每次实验活动持续 90 分钟。其中，老师指导学生学习 20 分钟，然后学生自己练习。每次实验结束后进行跑步知识的后测和学习动机测试，每次 10 分钟。之后，由三位专业教师对每组学生进行运动技能评分，以评估学生运动技能的学习效果。三位教师根据学习者动作的正确性、流畅性和完整性进行评分，对数据进行统计分析。研究结果表明，AR 辅助教学比视频辅助教学更有效，并且对于学习更困难的运动技能效果更好。因此，对于运动技能的学习，除了书本和视频演示外，学生还应该有探索和实践的机会。3D 模型的 AR 辅助学习可以为学生提供交互操作的机会，使学生可以从各个角度观察演示动作，并参与到动觉沉浸式体验的环境中。

参考文献

CHANG K E, ZHANG J, HUANG Y S, et al. Applying augmented reality in physical education on motor skills learning[J]. Interactive Learning Environments, 2020,28(58):685-697.

二、应用案例

案例 1　运动技能迁移在运动学习中的应用

案例

某同学在高中时期受过乒乓球专业训练，步入大学后，在学习羽毛球正手高远球动作时，常常出现引拍过程中手臂上举幅度过低，肩膀下沉的错误动作，对其进行动作更改后，手臂打开幅度仍然较小，动作不舒展；但在学习正手网前挑球动作时,击球时其小臂和手腕的配合发力流畅,击球后的随前动作,小臂前收迅速有利。

问题分析

该同学在学习羽毛球前具备一定的乒乓球运动技能,因此在之后的羽毛球运动学习中存在运动迁移现象,已获得的运动技能对新获得技能的学习具有积极促进作用则为正迁移,而干扰新获得技能学习的现象则为负迁移。因此,在该同学的运动过程中同时出现正、负迁移。

原因分析

乒乓球正手攻球动作要求大臂和手肘下沉,同时肩膀放松;相反,羽毛球高远球要求击球时大臂抬高,手肘高于眼部,两者动作具有一定的冲突。由于乒乓球技能已形成肌肉记忆,因此会阻碍羽毛球技术的获得。乒乓球台内正手挑打技术要求运动者手臂前伸、手腕转动,快速向前发力击球,与羽毛球网前挑球动作相似。由于该同学具备乒乓球挑打技术,因此在学习新动作时手臂手腕具有肌肉记忆,可促进新技术的学习。

解决方式

对于存在的负迁移现象,需要给该同学讲解羽毛球正手高远球和乒乓球正手攻球两种运动技能基本概念区别之处,并针对羽毛球动作设计针对训练,如引拍训练,令其充分掌握高远球动作要领,以便在应用时灵活转换。

参考文献

[1]何烨,周志辉.合理运用运动生物力学知识,提高羽毛球技术教学质量[J].医用生物力学,2021,36(S1):414.

[2]刘文珂,徐昱玫,房施龙.原技术动作影响新技术动作学习的实验研究——以专项、非专项乒乓球学生和普通学生学习网球技术为例[J].西安体育学院学报,2012,29(2):249-252.

案例2　如何促进运动技能形成——高校游泳技术教学案例分析

案例

游泳是人在水的浮力作用下向上漂浮，凭借浮力，通过肢体有规律的运动，使身体在水中有规律运动的技能。它来源已久，是一种重要的生存技能。而在现代社会，游泳运动更是一项集竞技、健身、健美及体育康复为一体的受大众欢迎的时尚运动。在高校的体育课程中，游泳是重要的组成部分。游泳技能的教学，不仅是学校运动竞技的需要，更重要的是它对于促进高校学生身心健康、提高运动技能具有非常积极的作用，是高校学生实现终身体育的最佳选择之一。但是，目前普通高校游泳教学仍缺乏针对学生年龄和心理特征系统的有效教学模式和科学训练方法，学生总体的游泳技术和运动素质尚未得到充分提高和发展，也影响了游泳这一有益运动的普及和推广。

问题分析

(1)高校游泳教学模式落后：由于场地和器材等种种原因，与其他体育项目相比，高校的游泳课程教学方法具有一定的特殊性，游泳技能的教学基本上沿用传统的教学模式。

(2)表象训练方法应用不够：表象训练方法是一种心理训练方法，运用了运动心理学的研究成果，通过暗示语的引导，在头脑中反复想象某种动作或运动情境，学生通过对技术的反复回忆，形成正确的动作表象、动作要领和精确的肌肉感觉，从而提高运动技能或情绪控制能力。但是，表象训练在高校游泳技术教学中的应用并未得到充分的发展。

解决方式

针对高校游泳动作技能教学和训练特点，结合表象训练方法的特点，分析表象训练如何促进高校学生游泳技能。

(1)初步建立泳姿技术的视觉表象(如蛙泳)：教学开始，让学生观看蛙泳示范动作的录像，或者由教师在水中示范，同时对动作技术加以讲解，使学生对动作技术有清晰完整的认识。

(2)使学生形成蛙泳腿部动作的动觉表象：教师指导学生进行动作分解练

习，同时帮助学生回忆已形成的视觉表象，再让学生边念边做，细细体会，反复练习正确的动作，在掌握蛙泳技术概念的同时，形成蛙泳动作的动觉表象。

(3)形成蛙泳运动表象：蛙泳的技术概念、视觉表象和动觉表象被学生接受后，指导学生通过关键口诀记住和回忆蛙泳的动作要领，回忆示范动作形象，让正确的动作表象在脑中反复呈现。然后再进行水中的训练，把“想”和“练”结合起来，把视觉表象和动觉表象结合起来，形成蛙泳运动表象。

(4)重复练习：开展多次重复练习，使蛙泳技术得到进一步完善，运动技能得到进一步提高。

三 应用建议

(1)表象训练有助于学生对专项运动技能形成动作记忆，更好地掌握技术动作，提高学生的积极性。

对于语言理解能力和抽象思维能力已发展到较高水平的高校学生，表象训练的意义不仅在于促进技能的形成，更为深刻的意义还在于，表象运用能力的提高还可以进一步促进智力的全面发展，均衡发展学生的认识结构。

(2)表象训练教学提高了学生的体育运动学习兴趣：在表象训练的过程中，学生积极回顾、修正大脑中的运动表象，充分发挥认知对身体技能的调节和支配，并在互帮互学中，获得体育运动的技能技巧，体会到运动的乐趣。

(3)表象训练教学锻炼了学生的自我纠正能力，大大提高了学生的自主学习能力。

表象训练要求学生首先主动获取正确的动作形象，在大脑中形成视觉表象这一“内因”，通过练习才能转化为学生动作表象，这一过程充分发挥了学生的主观能动性。

参考文献

黄辉.表象训练理论在高校游泳技术教学中的应用研究[J].广州体育学院学报，2014，34(5)：117-119.

案例3　运动技能的形成过程——篮球运动技能形成的案例分析

案例

篮球是以手为中心的身体对抗性体育运动，因其具有易习得、操作方便等特点，逐渐被大众所喜爱，也是“三大球”之一。篮球技术是在篮球运动中所必需的专门动作方法的总称，也是篮球运动技能形成的基础。近年来，篮球普及程度逐渐增加，但在篮球教学过程中，依然存在着一些问题，使学生难以形成正确的篮球运动技能，也无法实现篮球教学的目标。

问题分析

（1）篮球运动教学现状：在现阶段的体育教学工作中，篮球运动教学的观念较为落后，体育课程长期受不到重视，教师的教学方法也较为单一，因此难以调动学生的运动兴趣和积极主动性。

（2）对篮球运动技能形成过程的掌握不合理：运动技能是指在学习活动、体育活动和生产劳动中的各种行为操作，运动技能形成的阶段是不可分割的。

学习和掌握篮球运动技术是一个复杂的运动技能形成过程，一般要经历初步学习阶段和改进提高阶段。在篮球教学实践中，每个阶段都具有不同的特点，一旦采取了不合适的教学方法，往往会造成技术动作的变形甚至动作错误，因此需要根据运动技能形成过程各个阶段的特点，采取不同的教学方法，促进篮球运动技能的形成。

原因分析

（1）体育教师缺乏对篮球运动技能形成过程和技能迁移规律的掌握。教育者是构成教学活动的一个基本要素，是教育活动的主导者，教师应根据运动技能形成的过程合理安排教学。

（2）练习时间与练习量之间的关系不清晰。篮球运动技能具有各成体系又紧密联系的特点，在教学时要根据具体情况进行科学计划和安排，循序渐进，逐渐增加难度。

解决方式

(1)要充分调动教育活动中多边因素的不同作用：教师要根据运动技能形成的规律安排教学内容，选择适合各个阶段特点的教学手段和方法，使教学过程最优化，避免错误运动技能的习得。

(2)科学编排教材程序：教材的编排应体现由浅入深、由易到难、由已知到未知的特点，循序渐进，前一步的学习要为后一步更复杂的运动技能打下基础。

参考文献

万江.影响篮球运动技能形成的因素探讨[J].成都体育学院学报，2008(11)：73-74，84.

第八章　心理技能训练

本章围绕心理技能训练选取了三项研究案例和三项应用案例。研究案例介绍了赛前心理技能训练对比赛表现的影响效果研究，综合心理技能和生物反馈训练对气步枪和气手枪射手射击的影响效果研究，以及精英运动员正念训练的实验研究，为竞技心理学研究者提供研究范式和方法借鉴。应用案例介绍了心理技能训练对运动员运动训练的作用，高校中长跑运动员心理技能训练的应用案例，以及正念训练的作用效果，为运动心理学实践工作者、教练员等提供应用参考。

一、研究案例

案例 1　赛前心理技能训练对比赛表现的影响

前人运动心理学研究侧重于使用心理技能训练来提高专业技能，但令人费解的是，目前的研究只关注在比赛中使用心理技能，仍然缺乏实证研究证据支持赛前心理技能应用的时机和内容。鉴于此，Hagan 等人探究了赛前 7 天心理技能使用的稳定程度，为制定相关干预计划提供实证基础。

90 名精英和亚精英乒乓球运动员参与了这项研究。精英运动员，是指在其职业生涯中获得国家认可并在一些国际比赛中代表国家参加比赛的运动员；亚精英运动员，是获得地区和大学（学院）奖项并连续四个赛季参加国家乒乓球联赛的参赛者。运动员年龄从 15 岁到 39 岁不等（$M=26.26$，$SD=5.29$）。其中，女性运动员 35 人（38.9%），男性运动员 55 人（61.1%）。精英运动员 47 人（52.2%），亚精英运动员 43 人（47.8%），均具有至少 3 年的比赛经验（$M=9.63$，

SD=5.12),平均每周训练4次。

采用运动表现策略量表评估运动员在练习(训练)和比赛中使用的16种心理技能。出于当前调查目的,在比赛前评估了练习分量表的放松、目标设定、表象和自我对话维度。条目实例:放松"我通过练习某种技能来放松";目标设定"我设定了实际但具有挑战性的目标";表象"实践前在脑海里排练表现";自我对话"我积极地对自己说话,以充分利用实践"。采用李克特5点计分,从1分(从不)到5分(总是)进行评分,总的心理技能得分从4~20分不等。经验证,量表的信效度良好。在比赛之前的7天间隔内的3个不同阶段(7天、2天、1小时)进行测量。为了避免任何背景影响,如观众效应,举办了介绍性会议,向参与者简要介绍心理技能的概念。对运动员进行有关情绪反应的教育有助于识别、区分和准确报告他们的经历。参与者被要求记录他们为应对赛前可能遇到的负面情绪体验而实施的心理技能。对收集的数据进行统计分析。

研究结果显示,技能水平、比赛时间存在显著的多元主效应,没有交互作用。具体而言,精英运动员比亚精英运动员在自我对话、表象和放松方面报告了更多心理技能使用。比赛时间效应显示,表象技能使用在3个时间点稳步下降,而放松技能使用在两个时间点(7天和1小时)几乎处于相同水平,但在比赛前2天下降。调查结果表明,在连续的培训周期中实施正式和定期的心理技能培训计划,可能会促进运动员在比赛开始前积极的心理状态。

参考文献

HAGAN J J, POLLMANN D, SCHACK T. Exploring temporal patterning of psychological skills usage during the week leading up to competition: Lessons for developing intervention programmes[J]. PLoS One, 2017,12(8):e0181814.

案例2 综合心理技能训练和生物反馈训练对气步枪和气手枪射手射击影响研究

随着竞技精英运动的获胜差距逐渐缩小,心理和生理状态的管理对于确保最佳表现的达成至关重要,尤其是在封闭式精准性技能项目中。Ortega和Wang在2018年开展了一项干预研究,考查了综合心理技能和生物反馈训练项目对 50 名气步枪和气手枪射手射击的有效性。

参与者为 33 名女性射手(66.00%)和 17 名男性射手(34.00%),其中包括手枪射手 23 名(46.00%)和步枪射手 27 名(54.00%)。50 名射手平均有1.69 年的射击经验($SD=1.21$),平均年龄为 14.98 岁($SD=1.39$)。将所有参与者按武器类型、性别、年龄和射击经验进行匹配,共分为两组,即实验组 25 名(50.00%)和对照组 25 名(50.00%)。对照组由 15 名气步枪射手(60.00%)和 10 名气手枪射手(40.00%)组成,平均年龄为 14.88 岁($SD=1.42$)。对照组平均射击经验为1.86年($SD=1.25$),其中男性 9 人(36.00%),女性 16 人(64.00%)。实验组有气步枪射手 12 人(48.00%)和气手枪射手 13 人(52.00%)。实验组性别分布为男性 8 人(32.00%),女性 17 人(68.00%)。实验组平均年龄为 15.08 岁($SD=1.38$),该组射手平均有 1.52 年($SD=1.17$)的射击经验。

单一案例研究设计(A-B-A)用于检查研究干预前和干预后阶段因变量的差异。干预前和干预后阶段分别在一周内进行,实验组中间有 4 周的干预。对照组在干预期间继续进行训练,而实验组在常规训练的基础上,在第 1 周、第 3 周和第 4 周进行了 3 个持续时间约为 1 小时的研讨会。由于学校假期和学校活动,第一次和第二次研讨会之间有一周的休息时间。然后,射击训练在第 2 周仍在继续。学校采取灵活的训练政策,要求每个射手每周至少训练 1 次。这意味着在从前测到后测的 4 个星期的研究中,每个射手可以参加最多 20 天、最少 4 天的训练。然而,作为学校政策的一部分,年龄较大的射手必须停止参加射击,以专注于即将到来的考试。因此,有些射手在为期四周的干预期间只训练了一次。

研究在位于学校空中武器靶场的一个房间里进行。参与者完成调查问卷的前三部分(即人口学信息、10 条目射击自我效能问卷、32 条目 TOPS2 训练问卷)以及心率和呼吸频率的测量。TOPS2 训练量表测量 8 个要素,即自我对话、情绪控制、自动化、目标设定、表象、激活、放松和注意力控制。随后,参赛者进行 15 分钟的准备和瞄准射击,然后是 60 分钟内的 40 次比赛射击。一旦参与者完成 40 次比赛射击,便继续完成问卷的最后一部分(射击表现评估)。此后,实验组参加了 3 个持续时间约为一小时的研讨会,涵盖了早期研究中确定的放松、自我对话、建立习惯动作和表象 4 种心理技能。在研讨会期间,参与者还接受了基本的心率变异性训练,以每分钟 6 次呼吸的速度学习缓慢的横膈膜呼吸。参与者被提醒每天练习呼吸技巧,并学习如何将放松、自我对话、建立习惯动作和表象以及横膈呼吸技巧整合到他们的射击日常中。研讨会小组保持较小规模，分为5个较小的小组，每组4～6名参与者，以实现个性化干预，并确保每个射手有足够的时间进行个人生物反馈训练。3个研讨会在三周内完成，在此期间，对照组和实验组都照常继续他们的训练课程。在所有研讨会完成后，实验组和对照组都在研究的最后两周内进行了后测。

研究结果显示，干预后实验组的射击前心率变异性显著高于对照组，并且在自我对话、放松、表象和自动化方面的得分更高。尽管在干预结束时射击得分有所提高，但这种增长在统计学上并不显著，但在精英运动中具有很大的实际意义。心率变异性的改善以及干预后更高的射击得分表明运动员心理生理控制得到改善，从而转化为更好的表现。

参考文献

ORTEGA E . Effectiveness of an integrated mental skills and biofeedback training program on sport shooters [J]. International Journal of Sport Psychology, 2018, 49(1):35-54.

案例3　竞技体育的实验设计研究:精英运动员正念训练研究案例

【研究背景及目的】

精英运动员是一个极其特殊的群体，他们承载着社会与个人的梦想，为集体和个人的卓越奋发图强。以往的研究表明，该群体具有积极的心理特质，如心理坚韧性、积极思维等。但近来的研究表明，精英运动员也经历着种种心理健康问题。因此，面对承受着数倍于常人的身心压力的精英运动员，有效改善该群体的心理健康以及消除心理疾病隐患是当前奥林匹克竞技运动中需要重点开展的工作。在此背景下，学者检验了以正念—接受—觉悟—投入(mindfulness-acceptance-insight-commitment,MAIC)为基础的正念训练对羽毛球运动员正念、接受和心理健康的影响。

【研究设计】

本研究采用的是随机对照实验研究(RCT design)。在实验前将所有被试通过抽签随机分成2组，即正念组($N=25$)和对照组($N=24$)。正念组运动员接受为期7周的MAIC课程，对照组运动员在实验期间不接受任何干预。所有的心理学变量均被评估 3 次：干预前（T1）、干预后（T2）、干预结束 3 个月后（T3）。本研究采取单盲实验，即被试不知道具体实验目的。被试的招募由第一研究者进行；抽签分组则由另一名与本实验无关的心理学研究生进行；抽签顺序对相关研究者保密。

【研究被试】

研究共招募 50 名省队羽毛球运动员作为被试，其中 1 名由于有正念练习经验而被排除，最终本研究选取 49 名被试（29 名男性运动员，20 名女性运动员），其中包括一级运动员 23 名（11 名男性运动员，12 名女性运动员），健将级运动员 26 名（18 名男性运动员，8 名女性运动员）。在本干预中，完成第一次测试评估（T1）的被试人数为 49 人，7 周干预结束后进行第二次测试评估（T2），完成了两次测试评估的被试人数为 49 人，干预结束后 3 个月进行第三次测试评估（T3），被试人数为 49 人，耗损率为 0。

【干预方案】

基于 MAIC 的训练程序，正念训练课程具体包括 7 个部分的内容，即正念训练的准备、正念、去自我中心、接受、价值观与觉悟、投入、综合训练。在 MAIC 操作手册中，不仅包括正念理论的相关内容，还增加了基于中国社会文化背景下的相关概念，如“社会定向价值观”“觉悟”“逆境应对”等理念。

实验组运动员接受 MAIC 干预（干预内容如下表所示）。干预时长共计 7 周，从 2016 年 11 月 8 日至 2016 年 12 月 20 日，每周 1 次课，每次课程约为 90 分钟。在 7 周干预结束后跟踪观察 3 个月。干预者为第一研究者。本实验干预地点为某省科研所心理咨询室。本实验中的正念干预方案及具体的阶段性干预内容可参考《运动员正念训练手册》的详细介绍和说明。对照组运动员在干预期间不接受任何干预。所有对照组运动员在本次实验结束后再接受和实验组运动员相同的干预内容。干预时长共计 7 周，每周 1 次课，每次课约为 90 分钟。

表 1　干预内容

干预主题	干预内容	练习
1.走进正念	介绍正念课程相关内容	定心练习
2.正念	什么是正念；正念的核心因素	正念呼吸练习
3.去自我中心	正念注意；正念觉知	正念走路练习
4.正念接受	正念接受；经验接受及回避	正念吃水果练习

续表

干预主题	干预内容	练习
5.价值观与觉悟	价值观与目标的关系;什么是觉悟	正念冥想、数数字练习
6.投入	什么是投入和定力;投入、价值观、觉悟和定力之间的关系	忘我行为练习
7.综合	正念训练的回顾与综合	综合练习

【研究结果】

在完成 MAIC 训练后,正念组运动员在正念、焦虑、抑郁、训练比赛满意感和接受水平上显著优于对照组运动员。事后检验结果表明,与对照组相比,在前测与后测的比较上,以及在前测与跟踪测量的比较上,接受了正念训练的羽毛球运动员在正念、焦虑、抑郁、训练比赛满意感和接受变量的评分均有显著改善;在后测与跟踪测量的比较上,抑郁、训练比赛满意感和接受变量的评分均有显著改善;而正念、焦虑变量没有显著差异。

【研究启示与不足】

该研究是随机对照实验研究。第一,相对于单被试实验设计而言,实验范式在分组上更为严谨,较好地证实了干预的有效性。第二,研究所选取的被试均为中国精英运动员。在 MAIC 干预手册中,将中国文化和中国体育系统(举国体制)的相关内容也融入其中。因此,该干预手册对被试群体而言,具有良好的针对性。第三,无被试流失。由于研究干预内容为运动员冬训的课程内容,因此,运动员全部参与其中,被试均无流失。

但是,实验研究也有几点不足。第一,研究干预的整个过程是为了备战 2017 年全国运动会进行的,所有选择的被试皆为备战比赛的运动员。因此,研究未在事先进行样本量大小的计算。第二,以往关于正念干预的研究中,许多项目选取了运动表现作为评估指标之一,如射击、花样游泳等。由于羽毛球项目的特殊性,较难采用客观指标进行评价,因此,研究未进行运动表现的评估。

参考文献

卜丹冉,钟伯光,张春青,等.正念训练对中国精英羽毛球运动员心理健康的影响:一项随机对照实验研究[J].中国运动医学杂志,2020,39(12):944-952.

二、应用案例

案例1　运动员训练不止运动技能训练还有心理技能训练

案例

东京奥运会我国体操队获得3枚金牌、3枚银牌、2枚铜牌，成绩优异，这份答卷离不开运动员的日常运动技能训练，但也离不开心理技能训练。作为国家体操队心理医生的杨舒博士，在队内也承担着心理教练的任务，安排队员的日常心理训练，提高队员的心理素质。杨舒主要就运动员专注力控制、自信心调节、重点运动员保障等多个方面开展心理训练，根据运动员不同的特点和需求制定相应的训练方案。此外她还携带一套生物反馈仪器，运动员带着这个仪器玩游戏就可以实时观察到自身心理状态。除日常心理训练外，她在赛前多次进行模拟逆境的训练，考验运动员抗压能力，要求运动员熟悉逆境中的比赛策略。

问题分析

杨舒采用多种心理训练方式相结合的途径，包括生物反馈训练、注意力训练、模拟训练等，增强运动员心理韧性、应对不同场景的能力。正是由于长期的心理训练，才使得队员在比赛中获得优异成绩。

心理技能训练可以缓解运动员的负面情绪并提升运动成绩，它是指采用一定的方法和手段对人的心理施加影响，专门化训练运动员大脑，达到强化心理技能、培养特殊心理能力的目的，是一种有系统、持续化的心理技能的练习。研究表明，心理技能训练能够提高人的心理活动强度、控制个体的心理活动、消除和治疗心理障碍等。注意力训练能提高运动员的注意控制能力；生物反馈训练能提供科学数据反馈，令运动员了解自己的身体状况；模拟训练能提高运动员面对困境时的处理能力。不同训练方式有着不同的作用与目的。

应用建议

（1）教练员在日常训练中应多注意运动员的心理变化，让运动员多与心理医生进行沟通。

（2）心理医生应根据运动员性格、身体等特点，制订个性化心理技能训练方案,并根据运动员发展不断调整计划、做好反馈。

(3)运动员应对自身心理状况有正确认识,关注情绪变化,及时向心理医生进行倾诉,并积极参与心理技能训练。

参考文献

赵大亮,姒刚彦,李剑鸣.十年磨一剑:一位世界冠军的心理建设研究[J].首都体育学院学报,2019,31(2):115-119.

案例 2 心理技能训练——高校中长跑运动员心理技能训练案例分析

案例

近年来,国际竞技体育发展迅速,竞争程度加剧,获胜难度加大,运动员的心理因素逐渐成为制约运动员在比赛中取得优异成绩的瓶颈。越来越多的教练员、运动员开始认识到心理因素在比赛中的重要性并从心理学上寻找出路。中长跑项目是我国田径运动的相对强项,我国的高校也是高水平运动员的重要培养基地。但目前,我国大学生中长跑运动员的心理技能训练还不成熟。

问题分析

(1)中长跑运动员缺乏心理技能训练:中长跑属于 800 米以上距离的田径运动项目。通常到比赛的后半程,中长跑运动员会接受心理和生理的双重考验,但教练员往往在平时训练中容易忽略对运动员的心理技能训练。

(2)心理技能训练:心理技能训练是现代竞技运动训练系统不可缺少的一部分,它影响、制约着运动员身体、技术、战术水平的提高和发挥。心理技能训练是有目的、有计划地对运动员的心理过程和个性心理特征施加影响的过程,也是采用特殊的方法和手段使运动员学会调节和控制自己的心理状态进而调节和控制自己的运动行为的过程。

原因分析

(1)参加中长跑训练的大学生运动员,其运动动机各有不同。运动动机是促使运动员参与运动的重要原因之一，因此进行动机调整可以更好地促进大学生运动员参与训练的积极性。

(2)对中长跑充满热情的运动员，训练的坚持性较好；心情舒畅时，训练和比赛任务也可以完成得比较好。

三 应用建议

(1)调整参加中长跑训练大学生运动员的运动动机：培养运动员树立明确的奋斗目标，使运动员具有明确的、适合自身条件的努力方向和奋斗目标。

(2)培养运动员对中长跑训练的感情：培养运动员对集体的深厚感情，激发其集体荣誉感，营造和谐、有爱、积极、进取的团队氛围；培养运动员对专项训练的感情和热情；让运动员真正明白中长跑训练的艰苦性和成就感，理解艰苦与成绩的关系。

参考文献

蒋玉跃，李俊斌.高校中长跑运动员心理技能训练的探讨[J].北京体育大学学报，2001，24(4)：470-472.

案例3　正念训练并非虚无缥缈

案例

在东京奥运会中，射击运动员姜冉馨在比赛中获得1枚金牌、1枚铜牌的优异成绩。她在央视新闻特别栏目中分享了正念训练的帮助，她说，比赛的时候，不可避免地会出现好与坏的情况，为了防止运动员有过多的心理变化，导致成绩发生变化，一般会利用正念训练来处理问题。而正念练习就是感知自己的状态，但不去评判当下的情景，不去评价是好是坏，发生了就已经发生了，不要纠结于过往的事情。她在日常训练中经常进行正念训练，甚至在比赛当天还会进行一刻钟的正念练习。

问题分析

为提高比赛过程中的心理稳定性，避免发挥失常，姜冉馨经常进行正念训练，而通过她的描述我们也可以看出，她对正念练习的效果是持肯定态度的，也认可正念对运动表现的影响。

射击运动项目是一项高精确度的静力性技能类项目，受心理因素影响较大。正念训练以一种接受、不评判、不回避的方式来感知当下的一种心理体验和状态。研究表明，正念训练能够增强神经系统的活动，有效提高运动员的专注力，减少运动员的压力感。此外，正念训练能显著降低运动员的特质性焦虑，提高解决问题和处理情绪的能力，提高运动员的运动表现。长期进行正念训练可使运动员保持较低焦虑水平和较高的心理控制能力，有助于提高比赛成绩。

应用建议

（1）遵循正念训练的系统性和长期性原则。心理能力的变化是一个长期的过程，需要过长时间的训练才能够实现。所以，在针对运动员进行正念训练时，一定要从长远的视角出发，确保训练的系统性和长期性。

（2）合理安排训练计划，遵循“循序渐进”原则。从少数人开始，逐渐开展全体训练；从理论讲解开始，逐渐开展完整训练。

（3）遵循“因人施训”的基本原则。在训练开始之前可对运动员进行能力测试，并据此制定个性化训练计划。

参考文献

吴尽，王骏昇，贾坤，等.正念训练对优秀射箭运动员比赛期焦虑的影响：来自 HRV 的证据[J].首都体育学院学报，2021，33(6)：649-655.

第九章 比赛的心理准备和心理调节

本章围绕运动员比赛的心理准备和心理调节问题选取了三项研究案例和三项应用案例。研究案例介绍了三项质性研究,分别介绍了运动员奥运会期间在奥运村的心理准备情况、复杂协调项目的奥运准备,以及残奥会运动员的心理准备和应对策略,为竞技心理学和质性研究者提供方法借鉴。应用案例介绍了运动中热身损耗现象,射击运动员比赛心理调控案例,以及东京奥运会应对赛事安排变动预案,为运动心理学实践工作者提供了应用参考。

一、研究案例

案例 1 运动员奥运会期间在奥运村的心理准备情况

Blumenstein 和 Lidor 在 2008 年考察了运动员奥运会期间在奥运村的心理准备情况。研究介绍了奥运会运动员心理准备的四个阶段,包括习惯阶段、心理常规阶段、特定心理准备阶段、心理恢复阶段。采用两届夏季奥运会(2000 年悉尼奥运会和 2004 年雅典奥运会)以色列奥运代表团使用这种四阶段方法的示例,描述了每个阶段的目标、心理干预项目和咨询框架。

在规划奥运村的心理准备时,四阶段方法考虑了与奥运会举办地相关的两个因素:①从以色列到悉尼和雅典的飞行时间;②运动员在奥运村里待的天数。习惯阶段在悉尼持续了三天,在雅典持续了两天。该阶段有如下三个目标:①帮助运动员克服时差;②帮助运动员适应奥运村的氛围;③帮助运动员熟悉奥运村的主要培训和社交机构。该阶段主要采用个人会话、小组会话、家庭作业三种方式开展。在个人会话中,运动心理顾问在实验室或实际练习环境中与运动员进行一对一的交流。在小组会话中，运动心理顾问与部分运动员一起交流。个人会话可以优化隐私和保密；小组会话使运动心理顾问能够对几名有相似需求的运动员同时实现心理干预。研究者为运动员布置了家庭作业，以便他们在空闲时间练习所学的心理技巧，从而提高其进行有效心理准备的责任意识。心理常规阶段在悉尼持续了六到八天，在雅典持续了大约两天。这一阶段的主要目标是从身体和心理的角度帮助运动员恢复他们的日常训练状态。对于参加奥运会的运动员来说，必须保持常规的练习、心理课程以及其他与准备相关的活动。该阶段主要采用个人会话、小组会话、家庭作业的方式开展。特定心理准备阶段在悉尼和雅典都持续了两到四天。这一阶段的目标是让每位运动员为在奥运会上的竞技项目做好具体准备，采用个人会话的方式开展。心理恢复阶段在一两天内进行。在运动员完成奥运会比赛后，无论他们对最终结果是否满意，运动心理顾问都坚持提供心理恢复课程。这一阶段的目标是帮助运动员从极端情绪、身体和心理努力中恢复过来。运动心理顾问为每位运动员进行了一次 30 分钟的心理恢复课程。在这些课程中伴随着音乐使用了放松技巧，没有讨论运动员在奥运会期间的表现。训练结束时，运动心理顾问建议运动员多做几次放松训练。

心理干预项目由三个子项目组成，包括五步法、特定心理训练计划和反应训练项目。五步法是一种结合了生物反馈训练的自我调节技术。这种技术使运动员能够利用测试和各种模拟材料，将在无菌实验室环境中执行的心理调节技能转移到实际练习和比赛环境中。五步法由五个阶段组成：①介绍：学习各种自我调节技术，如想象、集中注意力和自我对话。②识别：识别和加强最有效的生物反馈反应模态。③模拟：模拟竞争压力的生物反馈训练。④转变：将心理准备从实验室带到现场。⑤实现：在竞争中实现最佳调节。特定心理训练计划是由运动心理顾问在多年的专业实践中发展起来的心理技能技术，包括集中注意力、想象、自我对话和放松。在决定执行哪一种技术时，会考虑运动员当前的身体和心理状态，以及训练计划的具体阶段。反应训练项目的主要目标是提高运动员在现实生活中的反应，该项目由几个反应时间任务组成。使用计算机模拟，并在训练过程中采用了几个因素，以便使运动员接触更真实的竞争环境。这些因素包括实战视频演示、噪音等外部干扰，以及两名运动员同时执行反应时间任务的比赛。

最后，研究者提供了五条实用建议。第一，运动心理顾问应该是在奥运会之前和奥运会期间与运动员一起工作的专业人员中不可或缺的一部分。第二，奥运村运动员的心理准备应该是他们多年备战奥运心理准备的延续。第三，虽然运动员在奥运村期间非常忙碌，但建议开展个人会话、小组会话和家庭作业三项心理准备干预。第四，为了给精英运动员提供更好的心理训练和服务，在奥运会及多年的奥运准备期间，心理准备服务应该由一个团队来提供。每个运动心理顾问只专注于一两个特定的运动员。第五，运动心理顾问应在奥运会期间始终保持专业。

参考文献

BLUMENSTEIN B，LIDOR R. Psychological preparation in the Olympic village：A four-phase approach[J]. International Journal of Sport & Exercise Psychology，2008，6(3)：287-300.

案例2 复杂协调项目的奥运准备

Stambulova等人于2012年开展了一项研究，以考察复杂协调项目的奥运准备。研究目的有三个：①分析复杂协调项目的心理背景和与奥运会相关的具体背景因素；②分享研究者在跳水、花样滑冰和艺术体操项目的奥运准备经验，重点是典型工作问题和策略；③总结研究者对国家体育系统和文化背景在奥运筹备中作用的思考，以及与奥运会运动员合作的主要经验教训。

研究者基于科学家-从业者模型，分析和构建其在复杂协调运动中与奥运会运动员合作的专业经验。他们分析了复杂协调运动奥运会运动员的心理背景，并指出了奥运会筹备的时间结构。一般将奥运筹备定义为连续两届奥运会之间的四年时间，也称为奥运周期。这个时期不是同质的，可以进一步分为5个阶段，例如：①初步或基础准备（通常是前1～2年）；②奥运代表队选拔（通常在第3年）；③奥林匹克季（奥运会前1年）；④奥运会；⑤奥运会后。根据研究者与复杂协调项目运动员合作的经验，可以确定至少四大类潜在的奥运会参与者。前两个类别代表以前参加过奥运会的运动员，后两个类别代表奥运会新人。第一类，奥运冠军，由在奥运会上取得成功的运动员组成，这类运动员的典型心理特征是高水平的感知能力、自信、适应性应对和成功导向。第二类，奥运失败者，包括已经参加过奥运会但在奥运比赛中失败并希望在下一届奥运会做得更好的运动员。他们的典型心理特征是对取得成功的巨大努力、对失败的过度恐惧、“受损”的自信心，以及寻找额外资源和解决问题策略的倾向。第三类，奥林匹克预备队，由经验丰富的精英运动员组成，他们曾尝试但未能参加上届奥运会（通常是因为受伤或其他与健康相关的问题）。这一类别的运动员渴望展示自己的能力、高度竞争力和积极性，但必须准备好应对不熟悉的奥林匹克环境。第四类，奥运希望者，包括年轻、有才华的运动员，他们没有参与过往届奥运会的选拔，在奥运会背景下完全是新手。他们年轻、雄心勃勃、敢于冒险、乐观，而且通常不成熟。因此，心理工作应该以帮助这类运动员的个人成长和发展、运动技术为导向。

Stambulova 等人根据复杂协调项目运动员和教练员经常询问并希望运动心理学从业者帮助处理的 7 个关键问题，整理了奥运备战期间的心理工作问题并给予了相应应对策略，包括如何规划奥运备战、如何准备运动强项并使其变得更加鲜明和可见、如何在整个奥运周期中保持正轨、如何可靠地执行所有历程、如何在奥运会期间做好应对逆境的准备、如何应对外部和内部压力、如何在国奥队中适应良好。最后，研究人员总结了 7 种主要的运动心理服务策略，以更好地与奥林匹克运动员合作。第一，以客户为中心，即探索和解决客户的需求，讲客户的语言，避免判断性陈述并预测客户的潜在问题。第二，强调“全人”的方法，以及准备好应对运动内外的各种奥运筹备问题。第三，职业发展视角非常有用，它可以帮助运动员将奥运会备战中的任何项目视为其发展过程的一部分，其中成功和失败都可能有助于运动员的个人发展和进步。第四，预防性的观点可帮助运动员有效地引导情绪，避免奥运会准备过程中可能出现的负面影响和结果（如过度训练、受伤、技能丧失、高压力）。第五，多层次的治疗方法从不同的角度分析问题，不仅处理可见的症状（如压力或焦虑），还需处理症状背后的心理问题（如感知、态度、归因等）。第六，生态/文化视角激发从业者研究运动员及其专家团队所处的多层次文化背景。第七，积极的心理学方法可以阐释运动员的长处，有助于培养个人的体育活动风格，以及保持运动员的动力和信心。综上所述，作者强调运动心理学从业者在复杂协调项目中与奥运会运动员合作的重大责任，并聚焦于在实践中得到验证的 7 种主要的运动心理学方法。

参考文献

STAMBULOVA N, STAMBULOV A, JOHNSON U. Believe in

yourself, channel energy, and play your trumps: Olympic preparation in complex coordination sports[J]. Psychology of Sport and Exercise, 2012, 13 (5):679-686.

案例 3　残奥会运动员在精英运动中的心理准备和应对策略

Kirk 等人开展了一项研究,旨在考察残奥会运动员在精英运动中的心理准备和应对策略。该研究采用定性描述方法和解释性案例研究设计。解释性案例研究设计用于回答有关现实生活现象方式和原因的问题。调查人员通过有目的地选择参加过高水平体育比赛的残奥会运动员,通过定义和背景来约束调查系统。7 名残奥会运动员(4 名男性)撰写了关于心理技能训练使用经历的书面报告。所有参赛者都参加过残奥会,并打算在 2020 年东京奥运会上再次参赛。为了对他们的身份进行保密,没有报告个人诊断或分类等潜在识别特征。但是,参赛者自我报告了一个残疾范围,包括身体、神经运动和感觉障碍,他们的残奥会项目包括轮椅篮球、门球、田径、坐式排球、足球和游泳。

以反思性写作报告的形式收集数据。参加研究后,参与者通过电子邮件收到了反思性写作提示和人口统计问卷。提示包括体育赛前的心理准备,赛事期间和之后的应对技巧、竞争心态和运动心理学的正式培训等问题。参与者还被问及残疾在他们心理技能中的作用。收集数据后,对数据进行了归纳分析。首先,研究者通过阅读和重读书面报告让自己沉浸在数据中。接下来,他们开发了代码并将感兴趣的数据放入相关的意义单元中。最后,相似的代码在案例级别被划分为同一主题。跨案例重复出现的主题被呈现给第一作者,作为发现得到证实。与研究团队讨论主题,进行分析反思,并通过明确定义和描述研究过程来保持透明度,从而增强了研究可信度。最终,数据分析产生了三个相互关联的主题:①“我们使用许多不同的工具”:心理技能训练的不同用途。②“心态非常重要——我敢说和技能一样重要”:心态很重要。③“我讨厌失败,但我也知道如何前进”:从失败中学习。调查结果表明,参与运动员认为心理技能是他们参加体育比赛的重要组成部分。

参考文献

KIRK T N , MCKAY C , FOY J. Psychological preparation and coping strategies: Reflections from Paralympians[J]. International Journal of Sport and Exercise Psychology, 2022, 21(2):2044369.

二、应用案例

案例 1 比赛中休息是否会影响比赛成绩？——运动中的热身损耗现象

案例

2002 年韩日世界杯期间，在一场丹麦对战乌拉圭的小组赛中，双方均是世界足球强队，实力差距不大。上半场，丹麦队以 1∶0 的优势结束比赛，但经过短暂的中场休息后，在下半场比赛开场后仅 1 分钟时间内，丹麦队就被乌拉圭球员罗德里格斯打进一球，比分被扳平。

问题分析

经过短暂的中场休息，丹麦队员的发挥稍差于乌拉圭球员，表明休息并未提高丹麦队员的运动表现，反而使队员的运动表现有所下降。

原因分析

双方实力差距不大，因此，下半场的失球原因在很大程度上是中场休息引起了热身损耗。热身损耗是指已经掌握的运动技能在间歇后不能回复到原有表现水平的现象。至于导致该现象的原因，多数研究者认可定势假说，即运动技能水平下降是由某种暂时性的内部状态或定势受损受阻引起的。由于运动区本身具有一定的惰性，兴奋需要一段加热过程，经过短暂休息后，运动员的运动区兴奋性降低，运动技能水平就会下降。

解决方式

(1)比赛前和中场休息时要通过准备活动保持运动员的机能定势，减少热身损耗。

(2)在比赛间歇过程中，如果利手、利脚需要休息，可利用非利手、非利脚在临赛前做热身活动，以保持利手、利脚的技能定势。

(3)若对方竞技状态极佳,要采取措施,想方设法打乱对方的定势,如要求暂停或推迟发球时间等,增加对方热身损耗。

参考文献

陈易章,侯会生,李凤桥,等.足球比赛中失球时间特征的心理学分析[J].北京体育大学学报,2005,28(7):905-907.

案例2　比赛的心理调节——射击运动员比赛心理调控案例分析

案例

射击项目具有精确度高、稳定性强、弹数多、时间长的特点,要求运动员必须做到人枪一体、身心一致,技术动作保持前后高度统一。为了达到这一要求,必须在训练和各种比赛中加强心理建设,提高运动员的技能、体能以及心理能力。因此,射击运动员在各类比赛,尤其是大型比赛中,会产生更大的心理压力。提高运动员的比赛心理调控能力,使他们具备应对高压力情境的承受力,是保证运动员取得优异成绩的重要基础。

问题分析

(1)射击运动员比赛心理压力较大:射击项目的独特性使射击运动员在比赛中承受着更大的心理压力,调节比赛压力是取得优异成绩的重要基础。

(2)射击运动员心理训练具有重要意义:运动员的心理训练,就是指通过各种手段对运动员的心理过程和个性特征施加影响,培养和完善运动员完成专项训练及各种比赛任务所必须具备的各种心理素质和个性心理品质,并学会调节心理状态的各种方法的有目的的训练过程。心理训练对射击项目运动员应对高压力情境具有重要意义。

解决方式

(1)实时监测与训练结果相结合,可以有效反映出运动员心理、生理活动的状态信息,为进一步的心理咨询和指导提供依据。

(2)比赛方案的制定对比赛发挥具有定向功能,是提高比赛自我监控和自我指导能力的有效手段。

应用建议

(1)开展针对射击运动员参加比赛时的心理咨询与临场心理支持工作。

(2)将赛前心理咨询、比赛方案的撰写与完善、赛前训练中对方案的应用有机结合。

(3)以心率变异性为检测指标,通过多种形式进行反馈,提高运动员对心理技能训练的兴趣和自我心理生理反应的调节能力。

参考文献

李京诚,刘淑慧,李四化,等.提高射击运动员比赛心理调控能力的研究.首都体育学院学报,2009,21(3):262-265.

案例3　如何应对赛事安排变动——东京奥运会案例分析

案例

2020年3月30日,国际奥委会和东京奥组委联合宣布,受全球新型冠状病毒肺炎疫情(下文简称“新冠疫情”)影响,东京奥运会的举办时间将延迟至2021年7月23日至8月8日。并且出于防疫考虑,东京地区、北海道和福岛县的所有比赛将空场举行。同时,受新冠疫情影响,此届奥运会乒乓球比赛的规则也有所改动,要求运动员在比赛中不能拿手擦球台、对球吹气等。比赛的延期、竞赛环境的改变、竞赛规则的限制等都会对运动员的心理产生影响,如果不进行积极的调整,会对运动员在赛场上的发挥产生负面的影响。

问题分析

(1)运动员应如何从心理上应对奥运会延期这一重大赛事安排的变动?

(2)应如何应对空场比赛与规则的改变?

解决方式

(1)做好情绪管理,寻求社会支持。

(2)对于赛事安排变动做出积极性解释。

(3)通过适当转移注意来缓解心理疲劳。

(4)思考和制订未来的备战方案。

(5)让每一天的训练和生活都具有目的性,都有意义。

(6)进行模拟训练是对适应空场比赛和规则改变较好的心理应对策略。在赛前备战阶段,对运动员进行针对性的心理模拟训练,通过模拟奥运会比赛空场比赛氛围,使运动员适应空场比赛的竞赛情景。通过在模拟训练和模拟比赛中严格执行新规则,对运动员擦球台、对球吹气等行为进行严格限制,减少新规则对运动员产生的干扰,保证运动员技术、战术在奥运会赛场上能够得到充分的发挥,展现出运动员自身的最佳竞技水平。

参考文献

[1]张力为,毕晓婷.第 32 届夏季奥运会延期的心理应对[J].中国体育科技,2020,56(7):5.

[2]张忠秋.职业运动员迎战旧主的心理优势、劣势及应对策略.中国体育教练员,2019,27(2):13-15.

第十章　运动损伤与过度训练的心理分析

本章围绕运动损伤与过度训练专题选取了三项研究案例和三项应用案例。研究案例介绍了力竭跑步机过度训练对生理和心理指标的影响，澳大利亚足球联赛球员的受伤心理反应，以及运动员跟腱断裂康复期间的心理因素变化，为运动损伤与过度训练领域研究者提供研究范例。应用案例介绍了如何预防体操与女子手球运动员运动损伤的案例，大学生网球运动损伤的案例，以及体育高考学生使用兴奋剂心理的案例，为运动心理学实践工作者提供应用参考。

一、研究案例

案例 1　力竭跑步机过度训练的生理和心理影响

当训练压力和恢复之间存在不平衡时，就会出现过度训练，并且在运动员、士兵、体育和健康教育本科生以及许多青少年中普遍存在。尽管有大量证据表明这种综合征的生理和心理相关性，但对过度训练的病理机制仍然知之甚少，这说明需要建立这种症状的动物模型。Chung 等人于 2021 年开展了一项研究，他们概述并讨论了当前建立的过度训练模型的生理和心理影响，基于八周力竭跑步机运动揭示了过度训练发展发作过程中涉及的能量消耗不平衡、炎症反应加剧、肠道通透性增加和焦虑状态。研究假设如下：力竭运动会对生理和心理状况产生有害影响，并且在目前的跑步机运动诱导的过度训练小鼠模型中，能量代谢、生长曲线、炎症、行为、肠道通透性和运动表现也可能受到影响。

本研究选用了购自 BioLASCO（中国台湾宜兰）的无特定病原体 C57BL/6 小鼠（6 周龄）。在实验期间随意提供标准的食物和无菌水。在（24±2）℃温度和 50%～60%的湿度下保持 12 小时的光/暗循环，兽医每天监测动物的行为和疾病状态。在适应环境和饮食 1 周后，根据动物的初始耐力将动物分为 3 组(久坐、定期运动和力竭运动)。为了在分配组别之前测量初始耐力能力，研究者在实验前后制订了详尽的跑步机运动方案。通过力竭游泳时间衡量耐力能力。在实验开始时，体重和耐力能力在各组之间没有显著差异。不同的跑步机运动方案应用于指定的组，持续 8 周。运动干预后，通过测量力竭跑步机运动来评估它们的耐力能力，并在经历急性运动(跑步机强度为 18 m/min，20 分钟，没有任何倾斜)的小鼠中评估运动相关生化指标。记录饮食以作为能量摄取参考。此外，还分析了其行为，并使用以下参数测量了生理效应：血液和相关组织、全血细胞计数、身体成分、糖原、急性运动后的运动相关代谢物。通过实时聚合酶链式反应测量了肠紧密连接基因。在研究结束时以至少 3 天的间隔对行为、力竭耐力和急性运动进行评估。接下来，将生理和心理结果与定期运动和久坐组进行比较。

研究结果表明，过度训练会对当前模型的生理和心理变化产生负面影响。力竭运动组表现出显著降低的耐力表现和不平衡的能量消耗，其体脂肪量减少，生长曲线减慢。此外，在连续的力竭运动干预后，炎症细胞因子(肿瘤坏死因子-α、白细胞介素-6 和白细胞介素-1β)和免疫细胞(中性粒细胞和单核细胞)显著升高。此外，过度训练引起的压力会导致焦虑状态增加和食物摄入减少。上述研究结果强化了这样一种观点，即运动和恢复之间的不平衡会损害健康和性能维持。这项研究强调了过度训练的不良后果，并提供了一个动物模型来确定可能的策略有效性，包括营养和监测，以在未来的研究中治疗和预防过度训练综合征。

参考文献

CHUNG Y, HSIAO Y T, HUANG W C. Physiological and psychological effects of treadmill overtraining implementation[J]. Biology (Basel), 2021, 10(6):515.

案例 2　澳大利亚足球联赛球员对长期伤病的心理反应

Ruddock-Hudson 等人于 2014 年调查了澳大利亚足球联赛球员在整个受

伤期间(包括重返赛场)对长期伤病的心理反应。来自3个澳大利亚澳式足球联盟俱乐部的8名运动员参与了这项研究。所有参与者在澳大利亚澳式足球联赛赛季的前半段都遭受了长期的伤病,这使他们至少有8周的时间无法进行训练和比赛。参与者正在从膝关节内侧韧带撕裂、股四头肌撕裂等伤病中恢复,远离运动的时间从9周到10个月不等,平均为24.5周。8名足球运动员的平均年龄为24.5岁,球员进入俱乐部比赛的平均时间为4.57年。

参与运动员被邀请在整个伤病过程中参加3次采访:①在受伤后的前14天内(对伤病的反应阶段);②在估计的中点康复期(对康复期的反应);③在恢复全面比赛前的一周内(对恢复运动期的反应)。3个数据收集点由俱乐部医生根据预期的伤病时间和他们之前对伤病的医学知识确定。研究人员同时开发了3份半结构化访谈提纲,每个数据收集期各一份。每个采访提纲都由3个主要来源提供信息:①先前对澳大利亚足球联赛足球运动员的研究结果;②运动损伤文献中出现的关键损伤和康复相关结构;③运动损伤和康复过程反应综合模型中的损伤后行为、情绪和认知评估结构。每位参与者都被引导完成访谈时间表的核心问题,以确保一致性。然而,采访时间安排是灵活的,以便产生更深入的信息,并有助于使面试对话融洽。访谈3个阶段的核心领域包括:①对受伤的认知评估:"您能描述一下你对本周受伤的最初想法吗?"。②对受伤的情绪反应:"您能描述一下你在被诊断出受伤后这周的感受吗?"。③行为反应:"自受伤以来,您对自己做了什么?"。④社会支持水平:"您能描述一下您受伤后得到的支持吗?"。⑤团队和团队环境:"在您受伤期间,您对队友和工作人员的感觉如何?"。⑥康复过程:"您能告诉我您的康复情况吗?"。⑦未来期望:"您对未来和比赛的期望是什么?"。所有访谈均由曾在澳式足球联盟行业工作的、有5年康复和福利行业工作经验的首席调查员进行,采访时没有工作人员或其他球员在场。在每次保密访谈开始时,每位参与者都提供了研究和访谈录音的书面同意,访谈通常持续60~90分钟。每次采访都由首席调查员逐字记录和转录,通过主题分析对内容进行分析。通过以下步骤分析:①熟悉数据;②生成初始代码;③搜索主题;④审查主题;⑤定义和命名;⑥编写报告。

最终,产生了14个主题。这些主题与受伤后的情绪反应、获得的支持、康复的挑战以及重返赛场的心理准备有关。伤病的反应阶段出现了4个主题:①伤病评估导致负面情绪;②采取积极的心态试图重新获得控制权;③在寻求社会支持的同时脱离俱乐部;④从他人那里获得支持。康复阶段的反应报告了不同的认知评估。情绪反应各不相同,参与者表示康复计划具有挑战性。他们继续寻求社会支持以克服孤立感，并在康复阶段重新审视他们的乐观情绪。在估计的中点康复期出现了 5 个主要主题：①思想和情绪的过山车；②康复计划的挑战；③孤立的挑战和重新连接的需要；④得到他人的支持；⑤重新乐观。在恢复全面比赛前的一周内出现了 5 个主题：①复杂的情绪；②高水平表现的压力；③从他人那里获得支持；④受伤经历的积极结果；⑤身体素质以及重返赛场的心理准备。以上发现对运动员在身心健康状态下重返赛场的管理和准备具有重要意义。

参考文献

RUDDOCK-HUDSON M, O'HALLORAN P, MURPHY G. The psychological impact of long-term injury on australian football league players [J]. Journal of Applied Sport Psychology, 2014, 26(4):377-394.

案例 3　跟腱断裂康复期间的心理因素变化

Slagers 等人于 2021 年开展了一项研究，探讨在跟腱断裂后的 12 个月（康复期间），心理因素与功能结果之间的关系，试图深入了解跟腱断裂后康复期间心理因素的变化。他们招募了 50 名临床诊断为跟腱断裂的患者，34 人（68%）为男性，平均年龄为 42.6 岁，平均体重指数为 25.5 kg/m^2。大多数参与者（76%）参加业余水平的运动，44 人（88%）的跟腱断裂发生在运动时。

参与者被邀请在受伤后 3 个月（T1）、6 个月（T2）和 12 个月（T3）到医院进行数据收集，由未参与治疗或康复的独立研究人员协调。采用重返运动心理准备问卷评估患者受伤后重返运动的心理准备情况，采用坦帕运动恐惧症量表评估患者受伤后的运动恐惧，采用 6 条目期望/动机问卷评估参与者对恢复到受伤前活动水平的期望和动机，采用跟腱完全断裂评分评估参与者在跟腱断裂治疗后与症状和身体活动相关的结果，采用奥斯陆运动创伤研究中心关于过度使用损伤的问卷评估受伤对运动参与和表现的影响。为了确定心理因素是否随时间变化，进行了广义估计方程分析。多变量回归分析用于研究跟腱断裂后 3 个月、6 个月和 12 个月的心理因素与 12 个月后结果测量之间的关联。

研究结果显示，恢复运动的心理准备得到改善，运动恐惧症在康复期间显著降低。6 个月和 12 个月时的心理准备情况与受伤后运动参与和表现有显著关联。6个月时的运动恐惧症与症状和身体活动显著相关。康复期间参与者对恢复到受伤前活动水平的动机仍然很高，并且与症状和身体活动、运动参与和表现高度相关。研究人员由此得出结论，在跟腱断裂术后康复过程中，心理因素发生变化且心理因素会影响跟腱断裂患者的康复。因此，需要关注在康复期间动机水平较低、重返运动的心理准备程度较低和在跟腱断裂后6个月时运动恐惧水平较高的患者；同时，在跟腱断裂人群中开发和研究干预措施，以增强重返运动的动力和心理准备，并减少运动恐惧症。

参考文献

SLAGERS A J，DAMS O C，VAN ZALINGE S D，et al. Psychological factors change during the rehabilitation of an achilles tendon rupture：A multicenter prospective cohort study[J]. Physical Therapy，2021，101(12)：pzab226.

二、应用案例

案例1　如何预防运动损伤——体操与女子手球运动员运动损伤的案例分析

案例

体育运动是促进身心健康的有效途径，但在体育教学、训练、比赛中常常会出现运动损伤，尤其目前随着竞技运动的大强度、强对抗的日益提高，运动员运动损伤的发生率也日益提高。运动损伤的发生与运动项目、运动员技能水平和比赛情景有着十分密切的联系，高水平运动员由于运动生涯和技能的高超性，常常会出现更多的运动损伤。高水平体操和女子手球项目分别代表了两种不同的技能，前者为非接触性运动项目，后者为接触性运动项目，运动员之间有紧密和激烈的身体接触，但是两种项目都易发生运动损伤。

问题分析

进入21世纪以来，竞技运动水平日益增高，运动成绩不断刷新。无论是在身体机能、专项技术还是心理素质方面，都对运动员提出了更高的要求。运动损伤指的是运动过程中发生的各种损伤，其损伤部位大都与运动项目和专项技术特点有关，损伤原因则包括运动员的身体因素和心理因素。体操运动员运动损伤最多的部位是脚踝和肘关节，手球运动员则是膝关节和踝关节，且大部分都是急性损伤。

运动员受伤后不仅会遭受生理创伤，而且还会造成应激反应。尽管会有少数人通过各种方法克服这种困难，但仍旧有很多运动员在损伤部位痊愈后产生心理阴影。

原因分析

（1）情绪状态的不稳定，特别是焦虑状态的变化，是导致运动损伤发生的一个重要因素。

（2）运动员运动损伤的应激源主要是教练的批评、来自比赛的压力或者气候、场地等因素。因此，教练员需要在平常训练中加强对运动员的心理训练。

解决方式

（1）调节与控制情绪，保持稳定的心理状态：选手要注意防止因情绪波动而发生损伤，情绪可以采用诸如放松和深呼吸等方法来调节，在比赛进行的过程中，教练和队友也应该帮助其处理和调整情绪问题。

（2）把握情绪状态，形成正确的应对应激的方式：教师或教练员要善于洞察自己的学生或者运动员的思想情绪波动，积极启发他们正确对待和处理比赛或训练中的干扰因素，消除因心理冲突引发的应激状态。

参考文献

[1]邱卓钢.我国优秀体操和女子手球运动员某些运动损伤特征及其心理应激研究[J].体育科学，2001，21(4)：69-74.

[2]余友儒，汪清详.体育运动中引发运动损伤的心理致因及改善措施[J].首都体育学院学报，2003，15(3)：92-94.

案例2　大学生网球运动损伤的案例分析——损伤心理致因

案例

网球运动属于隔网对抗型运动项目，要求参与者具备力量、耐力、灵敏、速度、技巧等方面的综合素质，同时它集竞技性、趣味性、健身性于一体，因而深受广大体育运动爱好者的青睐。近年来，我国网球运动得到了迅速发展。目前，许多高校都相继修建了网球场，推动了网球运动在高校的开展。但网球运动对参与者身体素质和技术动作方面提出了较高的要求，在享受其带来的益处的同时，也可能会受到运动损伤的困扰，如肌肉拉伤、扭伤等。运动者在受伤后不仅遭受心理创伤，也会造成应激反应。因此，在体育教学过程中，教师或教练员也要借助心理学的理论知识，分析和观察运动者的不良心理状况，采取相应的改善措施，避免心理因素引发的运动损伤。

问题分析

(1)大学生网球运动损伤的基本特征：当今大学生对于场地和网球运动用品知识了解甚少，了解网球运动损伤预防措施的学生极少。并且，在发生轻微损伤后，绝大部分学生会置之不理，不采取相应的恢复措施而继续坚持运动。但事实上，就算只是身体局部产生疼痛，仍然会给学生造成一定程度上的心理负担，从而影响其对网球技术的学习和掌握，甚至使其对网球运动失去兴趣和热情。

(2)运动损伤的心理应激反应：学生在运动中受伤后，尽管会有极少数人通过各种方法与手段战胜痛苦与逆境，美化自我形象，但绝大多数人会对受伤产生一种失落感，具体表现出悲伤、消沉，并伴有紧张、恐惧、惊恐等心理应激反应。这不仅有碍其自身体育运动的正常进行，还有碍其心理健康的发展。

原因分析

(1)不良外界因子的刺激：运动者因运动场地、设备等不合适或者周围不合理社会因子的影响，会导致运动情绪下降，难以调动神经、肌肉的兴奋性，极易造成运动损伤。

(2)缺乏适宜的运动心理准备：在运动前，运动者不仅要有充分的身体活动准备,而且要有充足的心理准备。一旦运动者缺乏必要的心理准备,在运动中就容易产生忧郁、紧张、焦虑等心理障碍,从而造成运动损伤的发生。

解决方式

(1)改善运动场地与设备:从心理学角度来说,在设备较先进、健全,且周围环境优美,空气新鲜流畅的地方进行运动,容易激发运动者的兴趣,产生积极运动的欲望,而且运动中显得格外投入。因此,在体育教学、训练、比赛中,教师或教练员应该改善运动场地与设备,使之适合运动者的心理要求,调动大脑运动功能的兴奋性,营造一种情绪高昂、肌肉兴奋的运动环,避免因场地设备等原因引发运动损伤。

(2)把握情绪状态,调动积极向上的运动心理:教师或教练员要善于洞察自己的学生或运动员的思想情绪波动,如发现他们因不利的社会因素刺激而发生痛苦、紧张、不安、失望等消极情绪时,则应利用自己的教学经验、工作阅历,积极启发、引导、帮助他们正确对待和处理好这些干扰训练、比赛的因素,消除因心理冲突引发的应激状态,使其全身心地投入到运动中去。对于个别一时难以调动起积极运动心态的学生或运动员,则应考虑减量减时训练,甚至停训,以免引发运动损伤。

参考文献

[1]栾丽霞,徐祥峰.大学生网球运动损伤的调查研究[J].武汉体育学院学报,2005,39(6):92-95.

[2]余友儒,汪清详.体育运动中引发运动损伤的心理致因及改善措施[J].首都体育学院学报,2003,15(3):92-94.

案例3　体育高考生兴奋剂使用心理案例分析

案例

体育中的药物使用问题一直是一个敏感的话题,对于药物的滥用,从专业运动员到普通体育的受众,都在高呼反对的口号。但是体育竞赛中兴奋剂使用的现象却从未消失过,甚至兴奋剂的使用已经由大型的体育竞赛蔓延到了各种社会体育中，甚至扩散到体育考试中。为此，全国体育专业招生考试中已经增加了兴奋剂检测项目。体育专业考试又称体育高考，是体育类考生在普通高考之前参加的专业技能考试，目前只针对体育生开设，但随着国家对体育越来越重视，未来体育进高考也是可以期盼的。但现今体育高考生在体育高考中也出现了使用兴奋剂的现象。

问题分析

兴奋剂是运动员为了提高比赛成绩而服用的一种禁用药物的统称。使用兴奋剂会对人的身心健康产生许多直接的危害。使用不同种类的不同剂量的禁用药物，对人体的损害程度也不相同。有调查结果显示，在体育考试中曾使用过兴奋剂的学生不在少数，大部分考生在考试前服用。体育高考生使用兴奋剂已不再是偶然现象。

体育高考生正处在人生的重要阶段，对兴奋剂使用的认知和态度并不成熟，为了提高体育高考的成绩而使用兴奋剂，不仅会对身体产生危害，还会造成一定的心理危害。

原因分析

(1)体育高考生对兴奋剂使用的认知不清晰，大部分考生认为，禁止在体育比赛中使用兴奋剂的主要目的是为了比赛的公平，并未意识到最主要的目的是保护运动员的身心健康。

(2)体育高考生认为，使用兴奋剂可以使自己在同样的训练中取得更为优秀的成绩。在缺乏法律甚至道德约束的情况下，部分考生认为使用兴奋剂为一种提高成绩的重要手段。

解决方式

(1)加强对体育高考生、教练员队伍的道德、伦理教育，提高公平竞赛的意识。

(2)加强反兴奋剂的教育，提高体育高考生对兴奋剂的认知水平，实现他们对兴奋剂使用态度的良性转变。

(3)加强教育预防，建立监控和健全法律惩戒体系。

参考文献

[1]肖建忠，许丽，郑汉.体育高考学生使用兴奋剂的现状与心理分析[J].体育学刊，2009，16(9)：86-88.

[2]朱俊全，和海珍.体育中滥用药物的心理学因素分析与综述[J].北京体育大学学报，2005，28(10)：1349-1350.

第十一章　锻炼动机和锻炼方式

本章围绕体育锻炼动机选取了三项研究案例和四项应用案例。研究案例介绍了内外锻炼动机与锻炼频率之间的关系，锻炼动机与大学生锻炼行为和心肺适能的关系，以及锻炼动机和基本心理需要对中国大学生锻炼依赖的影响，为锻炼心理学研究人员提供了思路和方法借鉴。应用案例介绍了不同锻炼方式对中老年心肺功能的作用，促进青少年体育锻炼动机和行为的案例，影响妇女体育锻炼动机的案例，以及以家庭为单位的"Active1＋FUN"运动处方设计，为锻炼心理学实践工作者、大众健身机构以及个人提供应用参考。

一、研究案例

案例 1　内外锻炼动机与锻炼频率之间的关系

健康锻炼是为享受或维护健康而进行的身体活动，而强迫性锻炼是为减少负面影响或身体形象问题进行的仪式性、持续性锻炼。锻炼背后的动机可能会导致锻炼适应不良。然而，目前尚不清楚这些动机如何与健康锻炼及强迫性锻炼联系起来。因此，Staples 等人于 2022 年开展了一项研究，调查外在锻炼动机和内在锻炼动机如何独立调节锻炼频率与强迫性锻炼和健康锻炼之间的关系。根据自我决定理论，研究者提出如下假设：对于内在动机更高者，更大的锻炼频率将与更多的健康锻炼及更少的强迫性锻炼相关；相反，对于外在动机更高者，更大的锻炼频率将与更多的强迫性锻炼及更少的健康锻炼相关。

本研究是对在线 Qualtrics 调查项目收集的横截面数据进行二次分析。该项目于 2020 年夏季到 2021 年春季，从东南部一所大型大学里使用方便抽样方式招募了699名研究参与者。数据清理后，446人可用于本研究的数据分析。参与者的平均年龄为20.10岁($SD=3.98$)。

参与者完成了人口统计学信息、锻炼频率、锻炼动机、锻炼行为的测量。人口统计学信息包括年龄、性别、种族和民族。锻炼频率采用多个题目进行测量。参与者被问及在过去的4个星期里参加各种类型锻炼的次数。锻炼类型包括如下领域：心血管训练(如跑步)、混合模式训练(如Crossfit)、力量训练(如举重)、平衡和稳定性训练(如瑜伽)和其他(如为身体活动所做的任何其他事情)。选项包括：0次、1～2次、3～4次、5～6次和7次以上。计算5个领域的锻炼总分作为锻炼频率的量度。锻炼问卷的20个条目测量了个体锻炼的原因。该量表是基于自我决定理论开发的，包括经过验证的可以测量内在动机和外在动机的分量表。采用7点计分，从1(一点都不重要)到7(非常重要)进行评分。社会归属、技能发展和健康管理子量表可以组合起来作为内在动机的量度，而形象和社会认可分量表可以组合成外在动机的量度。本研究使用了内在动机和外在动机分量表。分数越高，表明对锻炼动机的认可程度越高。采用18项锻炼和饮食失调问卷测量强迫性锻炼和健康锻炼的各个方面，特别是与饮食行为、身体形象和更广泛健康相关的方面。采用6点计分，从0(从不)到5(总是)进行评分。使用SPSS软件(26.0版)对数据进行统计分析。

相关性分析表明，锻炼频率、内在动机、外在动机、健康锻炼、强迫性锻炼之间均呈显著正相关。22.3%的参与者报告没有强迫性锻炼症状，22.8%属于低严重程度，38.9%属于中等严重程度，16%属于高严重程度。研究发现，强迫性锻炼不支持锻炼动机的调节作用，然而锻炼频率与强大的外在锻炼动机均与强迫性锻炼显著相关，存在小到中等效应。内在锻炼动机对强迫性锻炼没有影响。进一步研究发现，内在动机调节了锻炼频率与健康锻炼之间的关联。在内在动机较低的个体中，较高的锻炼频率与更健康的运动有关，这种关联在具有高内在动机的个体中明显较弱。与自我决定理论和前人工作一致，外在动机与强迫性锻炼相关，而内在动机与健康锻炼相关。在临床上，评估参与锻炼的内在动机或外在动机的程度可能有助于确定个体是否更有可能从事强迫性锻炼或健康锻炼。

参考文献

STAPLES C, PALERMO M, RANCOURT D. Intrinsic and extrinsic

motivations as moderators of the association between exercise frequency and exercise behavior[J]. Eat Weight Disord,2022,27(7):2801-2809.

案例2 动机如何促进大学生锻炼行为和心肺适能

近年来,大学生健康问题的发生率呈上升趋势,缺乏足够的体育锻炼是主要原因。Li等人于2022年开展了一项研究,旨在基于动机理论探讨促进大学生锻炼行为和心肺适能的方法。他们提出如下四个研究假设:H1锻炼动机可以显著正向预测锻炼行为;H2锻炼动机可以显著正向预测心肺适能;H3锻炼行为能显著正向预测心肺适能;H4锻炼动机可以通过锻炼行为的中介作用间接影响心肺适能。

研究采用横断面设计,其关键要素是体育教师参与实验研究。研究计划制定后,有偿招募了来自A、B、C学校的3名“大学体育”课程教师。在上海三所大学的大一和大二学生中招募研究参与者,主要统计指标包括社会人口学信息(性别、年龄、年级)、锻炼行为(持续时间、频率、强度和锻炼项目)、锻炼动机和心肺适能。研究中的所有测试均在“大学体育”课程中完成。整个实验从2018年3月1日开始,到2018年4月30日结束,总时长为43个工作日。这期间对上海三所大学的大一和大二学生进行整群抽样、问卷调查和心肺适能测试。问卷调查的样本量为1049,心肺适能数据的样本量为781。最终匹配数据的样本量为641(男性317人,占49.45%;女性324人,占50.55%),平均年龄为20.72岁($SD=1.41$)。

采用体育锻炼等级量表评估体育锻炼的强度、时间、频率,以获得总锻炼量。体育锻炼量=强度×(时间−1)×频率,等级标准为:小运动量≤19分,中等运动量=20~42分,大运动量≥43分。采用体育锻炼动机量表评估锻炼动机,包括5个动机维度,具体而言,外在动机包括促进健康和改善容貌,内在动机包括乐趣、能力感和社交。中文版的量表具有较高的可靠性和有效性。心肺适能测试按照《国家学生体质健康标准(2014年修订)》的相关要求进行。测试项目是男生跑1000米或女生跑800米所需的时间。评分方法也使用标准要求。户外测试时,记录受试者全力跑1000米/800米所需时间,并在统计分析时指定时间。在有氧体能测试中,学生完成了一份问卷调查。相关分析、回归分析和结构方程模型用于评估锻炼动机、锻炼行为和心肺适能的关系。

研究结果显示,大学生锻炼动机与心肺适能直接显著相关,并通过锻炼行为的中介作用间接相关。健康动机对锻炼行为和心肺适能的影响大于其他动机因素。大学生体育锻炼行为在锻炼动机与心肺适能的关系中发挥部分中介作用。因此，高校体育应弘扬“健康第一”的教育理念。锻炼的内在动力可以转化为外在动力，通过增强学生的心肺适能来改善学生的锻炼行为和心血管健康。

参考文献

LI B, HAN S, MENG S, et al. Promoting exercise behavior and cardiorespiratory fitness among college students based on the motivation theory[J]. BMC Public Health, 2022, 22(1): 738.

案例 3　锻炼动机和基本心理需要对中国大学生锻炼依赖的影响

Li 于 2018 年开展了一项横断面研究以考察锻炼动机和基本心理需要对中国大学生锻炼依赖的影响。研究假设如下：锻炼动机和基本心理需要都与锻炼依赖呈正相关；此外，锻炼动机和基本心理需要之间存在相互关系，从而促进锻炼依赖。本研究选取了湖南省 3 所高校 1689 名定期锻炼（连续锻炼一个月以上，每周至少锻炼一次）的大学生作为调查对象。这些大学生是从多个体育俱乐部（包括篮球俱乐部、排球俱乐部、足球俱乐部、羽毛球俱乐部、舞蹈俱乐部、健美操俱乐部、武术协会、网球协会）、各学院运动队（篮球队、足球队、田径队、羽毛球队等）、学校体育运动场所、部分体育专业学生中招募的。总共发放调查问卷 1689 份，最终回收有效问卷 1601 份，问卷有效率为 94.79%。其中包含 617 名女性和 984 名男性，年龄在 19～22 岁。

采用锻炼成瘾量表（exercise addiction inventory，EAI）、锻炼动机量表、锻炼情境心理需要满意量表调查参与者锻炼成瘾情况、锻炼动机以及基本心理需要满足情况。EAI 由 Terry 于 2004 年设计，涵盖 6 个问题，包括“锻炼强度超过计划”“错过锻炼会心烦意乱”等。采用李克特 5 点评分，从 1（非常不同意）到 5（非常同意）进行评分。根据 Terry 的研究，EAI 为 0～12 分被确定为没有锻炼依赖的症状，EAI 为 13～23 分被确定为有锻炼依赖的症状，EAI≥24 分被认定为锻炼依赖。EAI 得分越高，表示锻炼依赖的症状越严重。经验证，量表具有良好的信度和效度。锻炼动机量表共有15个问题，涵盖娱乐性、能力、外表、健康和社会交往5个维度，采用李克特5点评分。经检验，5个分量表的Cronbach's α信度系数均在0.7以上，具有良好的效标效度。验证性因素分析的结构效度表明，该量表具有良好的信效度。锻炼情境心理需要满意量表涵盖12个题目，涉及胜任需要、自主需要和关系需要3个维度。采用李克特5点计分，从1(完全不同意)到5(完全同意)进行评分。经验证，该量表具有良好的信效度。运用SPSS软件15.0版对收集的数据进行统计分析。

研究结果显示，外表动机和能力动机直接正向影响锻炼依赖。胜任需要直接正向影响运动依赖，并通过外表动机和能力动机间接影响锻炼依赖。这些结果为以后的研究者进一步探索中国大学生锻炼依赖的形成机制提供了有益的参考，也提示研究者可以进一步考虑性别差异等其他变量来探讨锻炼依赖的成因。

参考文献

LI M. The Influence of psychological needs and exercise motivation on exercise dependence among Chinese college students [J]. Psychiatric Quarterly, 2018, 89:983-990.

二、应用案例

案例1　不同锻炼方式对中老年心肺功能影响的案例分析

案例

随着我国社会经济的迅猛发展和人们生活质量水平的不断提高，中老年人群中，自觉参加各种体育锻炼的人数越来越多。他们参与体育锻炼的需求主要是强身祛病、延年益寿。目前，体育锻炼的方式多种多样，多数老年人只是根据兴趣、爱好或特长来选择体育锻炼的方式，其锻炼的实效性并不强，也不能达到参与体育锻炼的目的。

问题分析

(1)中老年人选择锻炼项目缺乏科学性：适度的运动强度能在保证锻炼安

全性的同时,使锻炼者收到良好的锻炼效果。锻炼者的健身手段与方法的选择应建立在合理、准确、科学的机能评价的基础上。

(2)中老年人锻炼需求难以满足:中老年人参与体育锻炼多采用就便、就近的原则,对于运动项目和锻炼方式的选择缺乏科学的指导性,不能达到提高心肺功能的需求。

原因分析

(1)中老年人多选取散步等低强度的锻炼方式,对提高其心脏功能的效果并不明显。中老年人应根据自身身体健康状况,寻求科学的指导,从而达到满足其运动需求的目的。

(2)传统体育和慢跑快走的锻炼方式可以有效提高中老年男子和中年女子的心脏功能能力。参加球类项目锻炼,可以提高中老年男性的心脏功能能力;而有氧体操锻炼方式可以提高中年女子的心脏功能能力。

解决方式

(1)培养专业人才或者社区体育指导员为中老年人制定合理的运动处方,并根据每位中老年人的身体状况选择适宜的锻炼方式。

(2)在制定中老年运动处方时,除了根据评价结果,还应考虑中老年人的运动兴趣、当地的锻炼条件与气候等因素。

参考文献

张欢,张丽,胡延.不同锻炼方式对中老年心脏功能影响的实验研究[J].西安体育学院学报,2005,22(5):50-53.

案例 2　促进青少年体育锻炼动机的案例分析

案例

激励青少年参与和坚持体育锻炼是非常必要的,规律的体育锻炼有助于青少年身心健康和社会适应。体质水平是影响健康的重要标志,青少年如果能保持较高的体质水平,他们在繁重和紧张的日常活动中就不会感到过度疲劳,就有足够的活动进行休闲享受的追求，也有助于提高学习效率。尽管体质水平对青少年的身心健康如此重要，但我国青少年对体育锻炼的参与率仍然很低。

问题分析

(1)青少年体质逐年下降：有证据显示，近25年来，学生肺活量呈下降趋势，肥胖率、近视率逐年增高，学生耐力素质总体呈下降趋势。良好的体质水平有助于青少年应对生活中出现的各种突发状况，反之，体质水平下降会导致一系列的问题。

(2)锻炼动机：体育锻炼动机是推动人们进行体育锻炼的心理动因，主要是分为内部动机和外部动机。人们参与体育锻炼的动机主要是兴趣/愉快感觉、能力/胜任感、外貌、健康和社会关联。锻炼动机是促进青少年参加和维持体育锻炼的关键因素，也是促使其养成终身体育锻炼习惯的重要因素。

原因分析

(1)提高体育锻炼动机能够有效促进体育锻炼行为：当青少年在体育锻炼的过程中感受到了乐趣，体验到自己能很好地完成这项运动，与同学、朋友一起进行体育锻炼能感受到一种归属感，这种心理需要的满足会促使青少年参与体育锻炼。

(2)外部动机是青少年参与体育锻炼的主要动机：青少年参与体育锻炼完全由兴趣、愉快等内在动机推动是极其少见的，大多数青少年参与体育锻炼都是由考试达标、老师或父母的奖励与约束等外部动机推动的。

解决方式

(1)家庭、学校和社区应积极创造有利于激发学生体育锻炼动机的环境，促进青少年参与体育锻炼，从而提高体质健康水平。

(2)在教学情景中，体育教师要以体育锻炼外部动机为抓手，合理利用奖励、批评、考试和比赛等策略，通过满足学生的心理需求，逐步使青少年体育锻炼外部动机转化为内部动机。

(3)在家庭情境中，父母要利用榜样的作用，支持、鼓励孩子参与体育锻炼，让青少年感受到参与体育锻炼的自主性、愉悦性、胜任感和归属感，从而形成稳固的内部动机，最终促使青少年参加体育锻炼，提高体质水平。

参考文献

阳家鹏,向春玉,徐佶.促进青少年有氧体适能和体育锻炼行为的路径:动机理论的观点[J].体育与科学,2015,36(4):115-120.

案例3 影响妇女体育锻炼动机的案例分析——以江苏省为例

案例

进入21世纪,妇女健身随着社会经济的发展已经在全国范围内形成规模,在以健身为目的的表面现象下蕴藏着各种不同的动机,不同的动机产生不同的行为倾向,同时也影响着锻炼的效果。并且,由于传统社会文化以及家庭对女性产生的压力,导致其与男性相比拥有较少的可以自由支配的时间。因此,了解不同职业和不同文化层次健身妇女的锻炼动机,发掘妇女参加健身运动的真正动机,有助于进一步把握和刺激妇女的健身行为。

问题分析

(1)妇女参加社会体育的热潮逐渐兴起:当前,国家增加了社会体育的投资;电视、报刊等新闻媒介加大了对社会体育的宣传力度;广大人民群众积极投入到各种各样的体育活动当中。各种健身、健美娱乐的活动场所也如雨后春笋般相继而生,其势方兴未艾,如各类健美、健身培训班、健身俱乐部、健美娱乐中心等,也吸引了一大批城市妇女。

(2)妇女参加大众体育的人群不足:妇女体育是中国体育事业全面、协调发展与进步的重要方面,但在大众体育活动中,妇女则是一个非常薄弱的群体。限制妇女参与体育活动的因素主要是时间、场地和经济条件。此外,还有部分妇女缺乏锻炼动机。

原因分析

(1)不同锻炼动机对健身妇女锻炼的坚持性和参与性的影响不同:锻炼动机为强身健体、休闲娱乐和兴趣爱好的健身妇女对体育活动的坚持性和参与性最强,大多数女性自我健康意识趋于增强,对体育锻炼价值观及健康观具有时代性的转变和进步，关注健康、获得健康为女性生活不可缺失的部分。

(2)锻炼动机对不同年龄、职业健身妇女体育锻炼坚持性和参与性的影响不同:同样是为了强身健体的动机参加体育锻炼，年长女性比年轻女性更富有坚持性，更积极参与;工人及一般职业女性的锻炼坚持性和参与性比管理及科教人员强。年轻女性、职业女性比其他女性更注重追求体育锻炼中的“美、娱、趣”，并从中陶冶自己的情操，健美自己的体形。

解决方式

(1)培养妇女形成强身健体、休闲娱乐和兴趣爱好等锻炼动机:女性要深刻认识到体育锻炼是获得健康的最佳途径，只有健康的人才会充满活力。对健康长寿的渴望，对高质量美好生活的向往是大多数健身妇女走出家门，积极投入到体育锻炼大军中去的主要动机。

(2)对不同职业、年龄女性进行不同的体育锻炼意识培养和知识普及:体育行为反映人的文化背景和价值取向。知识女性、年长女性在思想认识上对体育锻炼更加理性化，对于参加体育锻炼的价值，更注重内在的隐性感受和精神需求，一些职业女性、中年女性由于家庭和工作的双重压力，锻炼的参与性强于坚持性。此外，许多女性缺乏应有的健身知识、健身方法的指导及适宜运动处方，体育锻炼带有很大的盲目性和片面性，若对体育锻炼的生物学效益抱有过高的期望，在短期内一旦不能如愿便信心不足，导致锻炼的坚持性大大削弱。

参考文献

江宇，吴翌晖.江苏省妇女体育锻炼动机、坚持性和参与程度的研究[J].北京体育大学学报，2004，27(11):1469-1470，1475.

案例4　以家庭为单位的运动处方设计:以基本心理需要为基础的“Active 1+FUN”运动计划研究分析

【相关概念界定】

(1)基本心理需要:“基本心理需要”这一概念由 Deci 和 Ryan 提出。他们认为，人类的基本心理需要就像是心理上的营养物一样，对个体心理的健康成长、整合和幸福感必不可少、至关重要;基本心理需要又分为 3 种，分别是胜任需要(competence,也译作“能力需要”)、关系需要(relatedness,也译作“关联需要”)和自主需要(autonomy)。Deci 和 Ryan 将胜任需要定义为个体感觉到的对于环境的掌控感,并在此基础上发展出一种新的技能,即个体先天具有的一种对于环境的探索倾向。关系需要是指个体感受到的与他人的良好关系,以及来自他人的支持;当关系需要得到满足时,人们会感受到一种安全的人际氛围。自主需要,指个体感觉到的对自己行为上的控制感和心理上的自由。当人们的自主需要得到满足时,他们对于日常活动会有更高的主动性、参与度和创造力。值得注意的是,自主需要不一定是指独立于他人期望的行为,而是指个体在行动中能感觉到选择感,哪怕这种行动是符合别人的期望的。例如,员工被安排在午饭时间完成一份工作,如果员工赞成主管的安排,那么他的自主需要便得到了满足;反之,如果员工更愿意去吃午饭而不是工作,那他则会体验到自主需要的受挫。自主并不仅仅存在于个体身上,在整个群体中,人们同样也会为了自主而斗争。

基本心理需要来源于 Deci 和 Ryan 所提出的自我决定理论(self determination theory, SDT),本身也是自我决定理论的核心概念与重要的理论分支。自我决定理论突出强调个体与社会环境之间有机互动的重要性。而社会环境通常会涉及与个体比较亲密的人,如父母、老师、教练等,每一段亲近的人际关系同时又会嵌入其他的大环境中,形成与个体间的有机互动。而在孩童时期,与个体最亲密的人无疑是父母。基于自我决定理论,无论支持的提供方式是需要支持还是控制支持,都可能导致不同的动机或行为结果。例如,需要支持的父母承认孩子的感受和观点,并提供有意义的选择;而控制型则是利用压力或奖励来激发行为。根据 SDT 的原则,采用需求支持型育儿方式将促进能力、自主、亲和等基本需求的更高水平的满足,进而促进积极的行为改变和心理健康。相比之下,控制行为可能会导致这些基本需求受挫或被削弱,进而损害儿童的身心健康。虽然实证研究已经在其他领域如体育教育和养育中检验了后一种关系,但还没有在体育活动背景下的亲子关系中检验过。

(2)基本心理需要满足:Deci 和 Ryan 认为,人天生就会被一些有趣的活动所吸引,进而训练自己的能力、追求与社会群体的关系、体验自主感;当环境满足了 3 种基本心理需要时,个体就会朝着积极、健康的方向发展。所以,环境是影响个体基本心理需要满足的主要因素,而环境大致可分为微观环境和宏观环境。微观环境主要指人们的家庭环境、学习环境以及工作环境。已有研究证实,家庭环境会影响个体基本心理需要的满足,家庭成员间的关系越和谐,家庭系统越完善，个体的基本心理需要满足程度就越高。因此，实施以家庭为单位的运动计划可能会更好地满足孩子的基本心理需要。

基本心理需要得到满足后可以促进个体更为积极地发展。例如，提高幸福感（well-being），幸福感是指个人对于自己生活的主观经验和评价，个人基本心理需要得到满足的程度越高，体验到的幸福感就会越高。除了与幸福感呈正相关外，基本心理需要还与自杀、抑郁和问题行为等存在着负向相关。例如，对于年轻人来说，当基本心理需要得到满足时，他们会更少出现自杀意念和自杀行为。另外，也有研究表明，基本心理需要对于精神上的健康起着积极的预测作用。

（3）基本心理需要的受挫：基本心理需要的满足受到阻碍时，个体就会集中在自己的需要上，而不会去关注周围的环境，这样就可能会导致个体遵循外在的规则，进而使个体的行为变得不协调，变得缺乏动机，甚至会做出反社会的行为。Deci 和 Ryan 将这个过程定义为需要的受挫。研究表明，需要的受挫可能会导致躯体化疾病、焦虑、压抑、内部的矛盾等。

【基于基本心理需要设计的“Active 1＋FUN”运动计划】

1.设计过程

（1）参与对象：7 所学校的小学三年级至五年级（8～11 岁）的学生及其家长，共 171 个家庭参与这项研究。参与调查的儿童的平均年龄为 10.0 岁；69 人（40％）为女性。数据被收集成匹配的“父母-孩子”对。

（2）伦理许可：研究获得了伦理许可。

（3）实验程序：主要结果和次要结果将在基线、干预期和干预随访期（如基线测量后一年）进行测量，以检查长期干预的效果。在完成基线测量后，参与者将画一个密封的信封，以确定他们是被分配到实验组还是等待名单的对照组。在每所学校，一半的被招募家庭将被分配到实验组，另一半将被分配到候补家庭控制组（即 1∶1 比例）。被分配到实验组的参与者将在采取基线措施后的大约 6 个月内接受每两周一次（共 10 次）的干预。

（4）具体操作程序：干预包括 10 个 30 分钟的工作坊活动，然后是 60 分钟的活动课，每节课由两名教练带领。分配到实验组的家庭被邀请参加干预会议。父母一方或双方与孩子一起参加课程。由于父母的工作和可用性，在不同的干预期间，孩子可能由父亲或母亲或两者陪同。负责指导训练的教练是为这项研究专门培训的。在 4 个月的时间里，为所有教练提供了 12 小时的面对面培训（2018 年 9～12 月，分 3 次进行）。本质上，负责提供干预的教练接受了培训，以根据基于特殊目的测试原则的 SAAFE 原则领导干预会议，该原则强调了教练指导的会议的重要性，即支持、积极、自主、公平和愉快。研究者还通过手机聊天群持续沟通并向教练提供反馈。

干预会议每 2～3 周举行一次，不包括学校假期。因此，干预期约为 6 个月。30 分钟的研讨会在学校的教室里进行。在研讨会期间，研究者通过讲故事的方式向与会者提供了以下健康益处方面的知识：定期进行体力活动、育儿技巧和自我决定理论原则的培训。因为这些主题可能涉及对孩子和父母来说复杂的理论概念，讲故事的方式可促进理解和提高关键原则的可记忆性。除了增加参与者的知识之外，研讨会的设计目标是提高基本需求满足的重要性，以及父母如何能够更加支持需求，而不是控制需求。为了促进自我监控，参与者还收到一份日志，记录孩子和父母一起做的任何活动。教练还带领参与者与其他参加的家庭分享他们记录在日志上的有趣活动或故事。教练也分别向所有家庭提供个人反馈。

活动会议通过结合不同类型家长和儿童的活动和游戏，重点关注 FMS 的指导。这些课程在学校礼堂或操场上进行，以便有更多的开放空间活动。一些活动和游戏是围绕参与者收到的一套免费设备设计的，其中包括一块海绵飞碟、软式排球、跳绳、一副球拍和一些海绵球。第十次会议后，参与者被邀请参加大约 3 个月后的强化会议。强化课程的结构与之前的课程相似。也就是说，它包括一个 30 分钟的研讨会和分享会，剩下的 60 分钟用于小组活动。在研讨会期间，教练们强调了前 10 次会议传达的关键信息，并邀请与会家庭分享他们在第十次会议后的经验。活动环节，教练邀请家长和孩子更主动地选择做什么活动，甚至允许其中一部分人带领小组游戏。

(5)统计方法：①理解意向性分析方法的线性混合模型；②t 检验；③结构方程模型被用于测试儿童感知的需求支持或控制预测需求满足或挫败的结构模型，以及身体活动行为和幸福感。在同一模型中，同时检验父母自我报告的需要、支持或控制行为与儿童对相同构想的感知之间的关系，以及父母需求满足与养育方式之间的联系。

2.结果

(1)随机对照试验的结果表明，实验组和对照组的儿童和家长的中高强度体力活动(MVPA)模式从基线到干预后时间点的变化相似。具体来说，孩子和父母的 MVPA 从 T1 到 T2 都增加了，但在 T1 到 T3 之间保持不变。然而，没有发现假设的时间×组别交互作用。这种差异可能与父母的基线活动水平有关。

(2)第二个结果是父母花在孩子身上的体力活动(coPA)的时间。本研究发现,coPA 与儿童自主支持感知、需求满足和 BMI 相关。时间×组的交互作用对这个结果没有显著影响。

(3)尽管缺乏 MVPA 和 coPA 干预效果的证据,但在儿童 FMS 中发现了有利于实验组的显著的时间×组效应。

(4)从 T1 到 T2,对儿童的需求挫折有显著的有害干预效应($B=0.60$,$p=0.04$)。

【教学启示】

(1)将理论应用于实践中的例子,可以激发学生的灵感。

(2)从设计运动方案到利用随机对照试验检验方案效果是一个很完整的流程,可以供学生参考。

(3)可以使学生更深刻地了解基本心理需要理论。

参考文献

[1]HA A S, LONSDALE C, LUBANS D R, et al. Improving children's fundamental movement skills through a family-based physical activity program: Results from the "Active 1+FUN" randomized controlled trial[J]. The International Journal of Behavioral Nutrition and Physical Activity, 2021, 18(1):99.

[2]HA A S, NG J Y Y, LONSDALE C, et al. Promoting physical activity in children through family-based intervention: Protocol of the "Active 1+FUN" randomized controlled trial[J]. BMC Public Health,2019,19(1):218.

第十二章　体育锻炼的心理效应

本章围绕体育锻炼的心理效应问题选取了四项研究案例和三项应用案例。研究案例介绍了中老年女性身体活动与抑郁水平之间的关系，体育锻炼对不同焦虑水平人群状态焦虑影响研究，有氧运动对压力下身心健康的影响研究，运动及认知干预对大学生压力应对及心理承受力的实验研究，为锻炼心理学研究者提供思路和方法借鉴。应用案例介绍了基于基本心理需要设计体育活动方案以保持新冠疫情期间良好心态的案例、运动成瘾行为案例，以及老年人健身气功锻炼的心理效应案例，为锻炼心理学实践工作者提供了应用参考。

一、研究案例

案例 1　中老年女性身体活动与抑郁水平之间的关系

Gudmundsson 等人于 2015 年开展了一项研究，旨在对中老年女性身体活动与抑郁水平之间的关系进行综合评估。研究数据来源于瑞典哥德堡妇女前瞻性人口研究项目，该项目提供了重复测量的身体活动及抑郁水平数据，时间从 1974 年到 2005 年。该研究内容如下：第一，评估基线身体活动水平与抑郁评分之间的关系；第二，评估身体活动的基线水平与抑郁得分随时间变化轨迹的关系；第三，评估个体身体活动水平的变化与预测的抑郁评分轨迹的偏差的关系；最后，评估随着时间的推移，身体活动和抑郁评分之间的关系。

哥德堡妇女前瞻性人口研究项目开始于 1968 年，包含 1462 名女性参与者，是一个多学科纵向研究，有 7 次随访调查，时间跨度超过 44 年。其中一个包含 899 名女性的代表性子样本被邀请在 1968 年基线水平进行精神检查，最终有 800 名女性(89%)参与精神检查,在 1974 年提供了本研究的基线数据($N=676$),并且随后在 1992 年($N=590$)、2000 年($N=651$)、2005 年($N=527$)进一步开展随访。精神检查是半结构化的,由精神科医生(1974 年,1992 年)或精神科护士(2000 年,2005 年)执行。采用蒙哥马利-阿斯伯格抑郁量表(MADRS)评估抑郁症状和迹象。至于身体活动,则采用 Saltin-Grimby 身体活动水平量表评估。参与者被要求回答她们在休闲时间的身体活动水平。本研究中,潜在的协变量包括年龄、婚姻状况、教育水平、社会地位、吸烟状况、饮酒习惯、更年期状态、平均体重指数等。只有变量显示与身体活动及抑郁水平都相关,才会包含在最终的模型中。

采用潜在生长曲线模型分析变化的联系,交叉滞后模型研究身体活动与抑郁评分之间的相互影响。研究结果表明,在基线时,较低水平的身体活动与较高的抑郁评分相关。随着时间的推移,身体活动减少的个体在 32 年的随访中报告了更高的抑郁评分。交叉滞后分析表明,较高的基线抑郁评分与随后调查中身体活动水平的下降有关。身体活动与抑郁水平之间可能存在着相互影响的互动关系,身体活动减少可能是抑郁产生的原因与后果。

参考文献

GUDMUNDSSON P, LINDWALL M, GUSTAFSON D R, et al. Longitudinal associations between physical activity and depression scores in Swedish women followed 32 years[J]. Acta Psychiatrica Scandinavica, 2015, 132(6):451-458.

案例 2　低焦虑和高焦虑个体通过体育锻炼降低状态焦虑的差异

剧烈运动会暂时减少状态焦虑。Lucibello 等人于 2019 年开展了一项研究,旨在考察对于焦虑程度更高的人这种益处是否更大,以及这些益处是否会通过体育锻炼得到增强。研究者在一群不同焦虑水平年轻人中纵向追踪了锻炼对于状态焦虑的影响效应。追踪急性有氧运动对于状态焦虑的影响,检验锻炼效果是否因干预开始焦虑严重程度的不同而不同。

研究人员共招募了 42 名参与者,其中男性 8 名,女性 37 名,平均年龄为 19.42 岁($SD=1.44$)。采用贝克焦虑量表(Beck anxiety inventory,BAI)在干预时开始测量参与者的焦虑严重程度，根据焦虑严重程度分为高焦虑组(BAI≥11)和低焦虑组(BAI≤10)。采用斯皮尔伯格状态-特质焦虑量表的状态量表在每周干预期间测量状态焦虑水平。在随机化之前，符合条件的参与者报告了休息时的焦虑严重程度和状态焦虑，然后在两个不同的日子里进行了基线心肺健康评估。在心肺功能测试期间，所有参与者都完成了摄氧量峰值测试，并且报告了在过去 6 个月中的中高强度身体活动情况。然后，参与者被随机分配到中等强度运动组($N=22$)或非运动对照组($N=20$)。

锻炼组每周一、周三、周五参与锻炼，每周完成 3 次锻炼，共持续 9 周。锻炼课程为中等强度固定自行车，每次锻炼流程为 3 分钟热身，然后骑行 27.5 分钟，要求心率达到最大心率的 70%～75%，最后进行 2.5 分钟缓和运动。在每周五锻炼之前和 10 分钟之后测量状态焦虑的急性变化。对照组被告知在 9 周的干预期间保持他们目前的身体不活动水平，他们还被明确告知不要进一步减少活动或增加久坐时间。在运动干预前后采用配对样本 t 检验验证身体活动水平，前后没有显著差异。与锻炼组保持一致，对照组每周五进行状态焦虑的测量，前后间隔 40 分钟。在干预结束后的 7 天内，所有参与者返回实验室完成摄氧量峰值测试。他们还报告了在干预期间的身体活动水平。采用 SPSS 软件对收集的数据进行统计分析。

在基线状态，两组之间的年龄、BMI、摄氧量峰值、静息状态焦虑以及身体活动水平没有显著差异。研究发现，对于基线高焦虑组，状态焦虑随锻炼显著减少，这种效应随着锻炼进程而增加，即随着锻炼的进行，高焦虑组状态焦虑出现了更大幅度的降低，而对于基线低焦虑组，没有观察到这种效果。这些发现对包括学生在内的、由于外部压力而经历状态焦虑波动的各种人群都有重要意义。定期参与体育活动可作为管理年轻人状态焦虑的方式。特别是，有规律的体育锻炼可能对那些焦虑程度较高的人特别有益。

参考文献

LUCIBELLO K M, PARKER J, HEISZ J J. Examining a training effect on the state anxiety response to an acute bout of exercise in low and high anxious individuals[J]. Journal of Affective Disorders, 2019, 247:29-35.

案例3　有氧运动是否能够减少压力对身心健康的不利影响

运动被视为管理压力的一种可能方式，但关于运动的压力缓冲作用的因果证据仍然非常有限。Klaperski 和 Fuchs 于 2021 年开展了一项随机对照试验，旨在探讨有氧运动是否能够减少压力对身心健康的不利影响，从而检验运动的压力缓冲假说。研究假设如下：①定期参与运动将会缓冲压力对健康的负面影响；②锻炼量以及心肺适能将会是“压力-健康”关系的调节变量。

研究采用实验性平行组随机对照试验设计，研究人员通过比较有氧运动干预组、放松训练组以及对照组结果来调查研究问题。最终，共有 106 名男性参与者符合研究纳入标准，并按要求完成实验，包括有氧运动干预组 38 人，放松训练组 36 人，对照组 32 人。运动干预组以及放松训练组每周开展两次 60 分钟的训练课程。在运动干预组中，受试者接受了针对户外初学者的心率控制跑步训练计划，旨在提高有氧适能。在前 4 个星期，参与者在步行和跑步之间交替，以适应训练负荷；5 周后，如果可能，受试者以最大心率的 60%～80%的强度连续跑步，参与者被要求在跑步前热身，跑步后进行缓和运动。在放松训练组中，参与者在室内接受了针对初学者的放松计划，目的是增加受试者的放松感，并使他们能够应用放松技巧。受试者学习了 4 种放松方法：渐进式肌肉放松、自体训练、呼吸练习和意象。在项目的前 6 周，主要采用渐进式肌肉放松，然后是自体训练。放松时，受试者大多躺在地上；放松运动不包含任何剧烈运动。对照组的参与者没有收到任何特别指示。

所有的参与者在 12 周干预前 1～2 周以及干预后 1～2 周完成 2 次针对健康水平、压力、运动水平和体适能的评估。对于运动、日常生活活动和放松的测量，采用日常活动和运动问卷。

运动活动：受试者说出他们在过去 4 周内经常进行的最多 3 项运动，并以分钟为单位指出每项运动的频率和持续时间。对于每项活动，检查参与者是否参与了有效的锻炼活动，认为只有涉及更大骨骼肌群并导致耐力、力量、协调性或柔韧性保持或增加的锻炼活动才是有效的。对于每项有效的锻炼活动，通过将频率乘以持续时间，然后将其除以 4 来计算以“每周分钟数”为单位的锻炼量。将所有单个数量相加得到总的体育锻炼指数值。

日常生活活动：参与者报告了每周参加 5 项特定身体活动的频率和每次时长。将每项活动的频率和持续时间相乘，并将所有值的总和作为日常生活的总活动量(分钟/周)。放松活动的评估方式与运动活动相同,计算方法相同。只评估了需要训练的有目的和结构化的放松练习,如自体训练或渐进式肌肉放松。通过体能测试测量心肺适能。采用广泛使用的12条目健康调查表评估心理和身体健康;采用德国吉森主观不适清单评估身体不适感;整体健康水平通过3个单项测量题目的综合得分来衡量,分数计算为12条目健康调查表中的整体健康题目("总的来说,您认为您的健康状况如何")和两个附加题目("您如何评价您的身体健康状况";"您如何根据广泛使用的自评健康量表对您的心理健康状况进行评分")。所有题目均采用5点计分("1=优秀"到"5=差")。重新编码后,较高的值代表两种量表的较高心理健康水平。采用特里尔慢性压力评估量表测量慢性压力水平。对收集的所有数据进行统计分析。

协方差分析表明,两种干预方案都缓冲了压力对整体健康和心理健康的负面影响;然而,没有发现对身体健康和身体不适的缓冲作用。此外,回归分析支持这样的假设,即运动量是压力与总体健康之间关系的调节因子。研究者没有发现体适能可以调节压力与健康的关系。总体而言,研究结果为体育锻炼缓冲压力对整体健康和心理健康的影响提供了实验支持。值得注意的是,放松训练计划的参与者也发现了同样的效果。因此,未来的研究需要进一步考查不同类型运动的压力缓冲效果以及替代性压力管理措施的效果,以确定哪些干预措施最有效。

参考文献

KLAPERSKI S, FUCHS R. Investigation of the stress-buffering effect of physical exercise and fitness on mental and physical health outcomes in insufficiently active men: A randomized controlled trial[J]. Mental Health and Physical Activity, 2021, 21:100408.

案例4　运动及认知干预影响大学生压力应对及心理承受力的实验研究案例

当个体受到的压力超过自身承受能力,就会威胁个体的满意感和幸福感,损害身心健康。压力应对是指个体认知和评价压力源、控制或改变压力情境、缓解由压力引起的情绪反应的认知活动和行为。心理承受力是人对环境变化的适应能力，表示一个人在心理上能够接受某种事物的程度。大学生的压力应对和心理承受能力是反映心理健康的重要维度，有效的压力应对方式和坚实的心理承受能力能帮助他们缓解面对压力时的焦虑、紧张等情绪，保持身心健康。

为探索提高大学生压力应对能力以及心理承受力的有效措施，沈翔2015年开展了一项实验研究。他以体育锻炼及体育锻炼结合认知干预两种不同干预方式，对压力应对和心理承受力水平较低的大学生进行了为期12周的实验干预。首先，采用大学生压力量表、压力应对量表以及心理承受力量表，对1000名大学生进行了调查，从中筛选出了压力应对和心理承受力得分较低的40名大学生，随机分为运动干预组和运动＋认知干预组。对照组共40名，不参加体育活动和认知干预，只参与正常的学校课程辅导。

实验后，实验组在所有维度上的得分都有不同程度的提高，并高于对照组得分（在消极应对方式上有所降低），并且运动＋认知干预组普遍比运动干预组提高幅度稍大；实验后运动干预组与运动＋认知干预组、实验组与对照组的差异均达到显著水平。因此得出结论：运动干预和运动＋认知干预都能提高大学生的压力应对能力和面对压力时的心理承受力，并且后者干预效果更好。

体育运动可以促进心理健康，人们对此早已达成共识，上述实验案例也证明了这一点。通过为期12周的运动干预，大学生的压力应对能力以及心理承受力显著提高，并且高于对照组。这启示人们，日常可以进行中等强度的有氧活动，如羽毛球、健美操等，在锻炼身体的同时，心理效益也会不同程度地提高。此外，该实验案例还表明，运动联合认知干预的效益更高。因此，个体也可以有意识地进行认知训练，以改变不合理的消极观念和想法，减少负面情绪，促进心理健康。

参考文献

沈翔.运动干预和运动-认知干预对大学生压力应对及心理承受力的影响[J].武汉体育学院学报，2015，49(10)：76-82.

二、应用案例

案例 1　如何在新冠疫情期间保持良好心态——基于满足基本心理需要的体育活动方案设计

案例

世界范围内迅速蔓延的新型冠状病毒可能会增加大众的恐惧和压力，减少人们的幸福感。Behzadnia 等人 2020 年运用自我决定理论的原理来开发和测试了满足基本心理需求（自主需要、胜任需要、关系需要）的活动。他们进行了为期 10 天的实验研究设计，将 208 名参与者随机分配到实验组（基本心理需求满足活动干预，$N=98$）或对照组（中立对照组，$N=110$）。结果发现，与对照组相比，实验组的参与者表现出更高的心理需求满意度、自主自我调节能力、主观活力，以及较少的心理需求挫折感和感知压力，具体的干预方案如表 11-1 所示。

表 11-1　干预方案

日期	干预方式
第 1 天（自主需要、胜任需要、关系需要）	今天，试着做一些你以前做过的，对你来说是一个挑战，但你觉得可以成功的事情（如做一个特定的运动，或者做一道特别的菜或蛋糕）。要做到这一点，首先要自己动手，为你周围的人（如家人和朋友）创造条件，让他们能够做到这一点，然后鼓励和支持他们做到这一点。
第 2 天（自主需要、关系需要）	今天，试着做一些让你觉得你可以帮助别人的事情（例如，即使是一件简单的事情，也要教给别人一项重要的任务）。要做到这一点，试着对今天的教学负责，鼓励和支持你周围的人（甚至你自己），把它教给其他人，试着为你的家人（或朋友）创造条件，让他们做出努力并完成它。
第 3 天（关系需要）	今天，做一些能让你在与大自然的联系中感觉良好的事情，并从中获得灵感来进行日常活动（如在家里种一盆花，或者整理花盆）。为此，尝试与大自然建立良好的联系，并鼓励/支持你周围的人（如家人或朋友）这样做；同时，尽量少接触电视和手机等人造物品。

续表

日期	干预方式
第 4 天(自主需要、关系需要)	今天,试着与他人进行积极的对话,这样你就可以积极地表达自己的感受和想法(例如,使用诸如“你在这里有多好”或欣赏他人之类的词语)。为了实现这一点,试着在你与他人的日常互动中只使用积极词语,并鼓励/支持你周围的人这样做;同时,尽量不要去想负面事件和对话,也不要去评判它们。
第 5 天(自主需要、胜任需要、关系需要)	今天,试着就对你来说重要的事情做出有意义的选择,即使这是一件很小的事情(例如,决定实现健康的生活方式或学习一门外语,或者为你的工作制订一个计划或框架)。要做到这一点,既要为自己做出有意义的选择,又要鼓励/支持身边人。试着为你周围的人(如家人和朋友)创造条件来实现它。
第 6 天(胜任需要)	今天,第一次尝试提出创造性的工作或想法。让你自己享受并为结果感到惊讶(例如,在家里用你多余的东西或任何其他有创意的东西制作东西或设备)。要实现这一点,既要自己动手,也要鼓励/支持身边的人这样做。试着为你周围的人(如家人和朋友)创造一个良好的工作条件。
第 7 天(自主需要、胜任需要、关系需要)	今天,试着和家人一起做一个快乐的运动。同时,在练习中微笑。除了锻炼之外,别想任何事情,微笑着想想你的呼吸。试着鼓励/支持你周围的人,不管他们做得好不好。如果你独自一人在家,可以通过社交媒体应用程序在线创建一个群组。
第 8 天(胜任需要、关系需要)	试着与其他人分享一段经历或一件事情,这些经历或事件指导了你的生活,并使之有意义。与他人分享你令人信服的经历,这也可能对他们有积极作用。
第 9 天(自主需要、胜任需要、关系需要)	今天,试着做你最喜欢的个人活动,做你想做的事情,但记住要积极主动,把你的积极能量传递给周围的人,同时试着专注于你的日常活动(如学习、工作、锻炼或帮助家人)。
第 10 天(自主需要、胜任需要、关系需要)	今天,试着写一段关于你在这 10 天里的情绪、想法和经历的话,并与你爱的人或者你认为可从中获益的人分享。永远记住:世界上最伟大、最美丽的感情之一就是富有同情心和善良。总有时间好好生活,所以你可以开始了,提醒别人也要好好生活。自己决定生活中最好的事情,最后努力做到最好。

问题分析

上述活动不限于体育锻炼，而延伸到更为广阔的一般性的体力活动。体力活动定义为，任何由骨骼肌收缩引起的导致能量消耗的身体运动。关于体力活动与健康促进的话题也是当前国际研究热点。上述实验案例表明，通过体力活动的干预，实验组参与者比对照组表现出更高的心理需求满意度、自主的自我调节能力、主观活力，以及较少的心理需求挫折感和感知压力。这启示我们，基本心理需求满足可能是体力活动促进心理健康的中介因素，在日常进行体力活动时，可以有意识地选择一些活动，满足自身的自主需要、胜任需要以及能力需要，进而提高自我效能、主观能动性以及与周围人的亲密关系，从而可以使自己保持心理健康，减少压力感。

参考文献

BEHZADNIA B, FATAHMODARES S. Basic psychological need-satisfying activities during the COVID-19 outbreak[J]. Applied Psychology: Health and Well-Being, 2020,12:1115-1139.

案例 2　锻炼太多也是病——运动成瘾行为

案例

斯蒂芬是一位坚持了 10 年的跑步老手，从 5 千米到 10 千米，再到马拉松，对她来说，跑步已经成为高于一切的事情。她每天早上都必须先进行跑步训练，完成一定的运动量目标后，才能安下心来做其他事。减少一点点运动量都会让她非常难受，她认为："当不能训练的时候，我会觉得非常焦虑。我没法睡觉，头疼。如果哪天我不能出去运动，我就觉得好像在监狱里一样，被困住了，感觉不是我在运动，是运动掌控了我。我每天都随时刷新着那些步数、运动量、训练进展数据。"

这种强迫式的坚持，让斯蒂芬变得抑郁、疲惫不堪，甚至无法工作。她开始被人们看作"有点疯狂"，工作、家庭、人际关系，几乎生活的各个方面都受到影响。

问题分析

适当运动能够提高身体健康状况，但过量运动会给身体和心理带来极大的负担。斯蒂芬的运动量明显过高，对于她来说，运动带来的危害远远大于快乐，她已经具有运动成瘾行为。

原因分析

运动能刺激肾上腺素分泌，使人兴奋，促进人体内产生内啡肽。而内啡肽被称为“快乐激素”，在内腓肽的激发下，身心处于轻松愉悦的状态中，可以帮助人排遣压力和不快。特别是当进行长时间、连续、高强度的运动，肌肉内的糖原用尽，只剩下氧气时，脑下垂体也会大量分泌内啡肽，这种感觉也可使人上瘾。

斯蒂芬有着长期锻炼的经历，身体对内啡肽具有一定的依赖性，心理上感受着运动带来的快乐，逐渐形成一定的依赖行为，现在已经对运动上瘾。但过量的运动会使得身体负担过重，短时间机体恢复程度难以满足正常生活需求，因此对生活、工作产生消极影响。

解决方式

避免运动成瘾，应该从心理和生理两方面来调整。不要为了迎合大众审美而运动，转变运动心态，明确运动目的；运动前制订一个合理的训练计划，避免长时间运动，合理安排时间；选择多种形式的运动类型，不要过分依赖一种单一、简单的运动形式；不运动时避免独处，避免负性情绪滋生，防止成瘾行为反复。

参考文献

[1]谢松林，李薇.运动成瘾研究述评[J].体育学刊，2007，14(4)：125-128.

[2]BERCZIK K，SZABÓ A，GRIFFITHS M D，et al.Exercise addiction：Symptoms，diagnosis，epidemiology，and etiology[J]. Substance Use and Misuse，2012，47(4)：403-417.

[3]STETSON B A，BEACHAM A O，FROMMELT S J，et al. Exercise slips in high-risk situations and activity patterns in long-term exercisers：An application of the relapse prevention model[J]. Annals of Behavioral Medicine，2005，30(1)：25-35.

案例 3　老年人健身气功锻炼的心理效应案例

案例

体育活动有利于增强体质，促进身体健康，已是众所周知。但体育锻炼也可以降低应激反应、调节情绪、增强心理健康、预防和治疗心理疾病。因此，日常生活中，体育锻炼已不仅被人们用来作为增强体质健康的方法，也被人们用来作为调节心理健康的重要手段。随着我国人口老龄化程度不断增加，极其有必要增强对老年人群体身心健康的关注。健身气功是以自身形体活动、呼吸吐纳、心理调节相结合为主要运动形式的体育项目，具有简单易习得的特点，是大部分老年人参加体育锻炼的首选项目。健身气功可增强老年人身体健康已得到大部分研究者的认可，但对于老年人心理效应的促进却知之甚少。

问题分析

(1)老年人参加健身气功现状：健身气功形式多样，动作简单，柔和舒缓，功效显著，对场地的要求也不高，因此有着深厚的群众基础，尤其受到中老年人的喜爱。

(2)体育锻炼的心理效应：体育锻炼的健心作用表现在长期心理效益与短期心理效益两个方面：长期心理效益是指长期系统参加体育活动对个体一些稳定心理特质的影响，即对减少抑郁、提高认知功能、建立心理自我观念的作用；短期心理效益是指单次体育活动在较短时间内对个体心理状态的不稳定的影响，即改善情绪状态、降低焦虑水平、减少应激和紧张等作用。

随着我国人口老龄化程度不断加重，对于中老年人身体健康的关注较多，但却忽视了对于老年人口心理健康的关注，而体育锻炼同时具有健身和健心的作用，是促进老年人身心健康的最有效手段之一。

应用建议

(1)鼓励老年人尽早进行健身气功的锻炼，尤其是锻炼年限长、每周锻炼3～4 次、每次持续 30～60 分钟、与朋友一起以集体形式参与健身气功等锻炼效果较好。

(2)在运动强度、持续时间和频率上，都应根据个人的健康状况来确定，每次锻炼后以不留疲劳为宜，并在此基础上逐步养成健身气功锻炼的习惯。

(3)每个老年人身体条件不同，老年人参与健身气功锻炼要循序渐进、量力而行。

(4)长期有规律参与健身气功锻炼能有效改善老年人的心理健康，其改善程度受老年人参与健身气功锻炼年限、锻炼频率、每次锻炼持续时间以及锻炼形式的影响，尤其受每次锻炼持续时间和锻炼形式的影响。

参考文献

高亮，薛欣.老年人参与健身气功锻炼的心理效应研究[J].西安体育学院学报，2013，30(4)：466-471.

第十三章　运动团队的凝聚力

本章围绕运动团队凝聚力问题选取了三项研究案例和三项应用案例。研究案例介绍了精英教练对团队凝聚力看法的质性研究，团体项目运动员团体凝聚力与积极青少年发展的关系，团队规范对凝聚力和运动表现关系的影响，为体育社会心理学研究者提供思路和方法借鉴。应用案例介绍了韩国排球项目团队凝聚力对运动表现的影响案例，啦啦操项目团队凝聚力提升案例，以及我国男子甲级排球队团队凝聚力的案例，为体育心理学实践工作者提供应用参考。

一、研究案例

案例 1　精英教练对团队凝聚力的看法

2015 年，Cormier 等人探讨了协同性项目(coacting sport)精英教练在团队凝聚力方面的知识和看法。特别是，研究了团队动态的各个组成部分，如发展团队环境、设定和监控团队目标以及克服团队内部竞争。协同性项目不同于互动项目，因为他们的运动员同时与对手和队友竞争，就像在越野跑、田径和游泳中一样。迄今，很少有研究从教练的角度来调查协同性运动的凝聚力，尽管协同运动占加拿大和美国大学运动队运动项目的近一半。这项研究有助于拓展现有文献，进一步认识教练如何感知和发展特定运动团队内的凝聚力，同时为面临内部对抗和竞争的团队提供更有效的执教策略。

6 位经验丰富的获得高度成功和认可的大学越野跑教练参与了这项研究。选择越野跑这项运动是因为它具有很强的合作性，队友们一起训练，但在竞争的情况下独立并同时相互竞争。每位参与者至少有10年的大学或更高级别的越野跑主教练经验。这其中,4名教练至少获得过一次全国冠军,5名教练具有国际教练经验,全部教练均获得过年度最佳教练奖。

在获得大学伦理审查委员会的批准后,研究者对每位参与者进行了面对面的半结构化、开放式访谈。这种类型的访谈允许研究人员发起一个讨论主题,同时让受访者可以自由地在几乎没有限制的情况下公开回答并讨论相关内容。它创造了一个类似于日常对话的环境,允许研究人员在精确的主题区域内建立对话,并就预先确定的主题建立对话。每次访谈持续1～2个小时,并在参与者所执教的城市按双方约定的时间、日期和地点进行。在采访之前,主要研究人员通过参与与教练和越野跑运动相关的一般性讨论,和每位参与者建立了融洽的关系。这些对话还涉及关于个人运动和教育背景的讨论,以及参与执教的年限。研究小组创建了采访指南,第一部分包含旨在介绍研究的主要主题并引发讨论的开场白(例如,运动员的个人能力如何影响团队的氛围?凝聚力在越野跑团队中扮演什么角色?);第二部分基于教练模型(coaching model)和凝聚力模型(model of cohesion)展开(例如,您如何为即将到来的越野赛季做准备?队友之间的关系如何影响竞争环境?队友之间的关系如何影响训练环境?);第三部分包括结论性问题,让参与者有机会发表与研究相关的任何评论。每个参与者都接受相同的面试官采访以及面试指南,以确保一致性。

主题内容分析是检查、分析和记录数据模式的一种方法,可以在数据中集中捕获复杂的含义,有助于从研究人员的角度描述数据集。在数据分析之前,采访被逐字转录并稍做编辑。例如,姓名、学校和地点被更改为代码,以确保每个参与者的信息保密。接下来,对每个访谈进行逐行分析,并将其划分为不同的模式,称为含义单元。含义单元是由单词、短语或段落组成的分段文本模式,这些单词、短语或段落传达相同的想法并与相同的主题相关。每个含义单元都有一个标签,与其内容以及意义描述相关。一旦标记了每个含义单元,将会检查它们的相似性并将它们组合在一起,以形成更大的分类,称为属性。然后,每个属性都会标记为一个基于含义单元共享的共同特征的标签。最后,以类似于创建属性的方式检查属性并将其分组为更大的总体主题,称之为类别。检查数据直到达到理解饱和,并且在归纳分析的任何分类级别都没有出现新的标签、属性、类别。

最终,研究结果表明,这些精英教练重视凝聚力,认为凝聚力在培养团队成功和满意度方面发挥着不可或缺的作用,尽管面临团队内部竞争和对抗等。有目的地招募、选择有效的团队领导、设定和监控团队目标以及鼓励社交活动是用于增强凝聚力和在队友之间建立积极关系的一些策略。这些研究发现有助于更好地理解协同性项目中的精英执教以及团队凝聚力问题。

参考文献

CORMIER M L，BLOOM G A，HARVEY W J，et al. Elite coach perceptions of cohesion on coacting teams[J]. International Journal of Sports Science & Coaching，2016，10(6)：1039-1054.

案例 2　团体项目运动员的团体凝聚力与积极青少年发展的关系

积极青少年发展是指所有年轻人都具有积极、成功和健康发展的潜力。Bruner 等人于 2014 年开展了一项研究，旨在调查团体项目运动员的团体凝聚力与积极青少年发展的关系。总共有来自加拿大 35 支高中运动队的 424 名青少年运动员自愿参加了这项研究。他们的平均年龄为 15.74 岁（$SD=1.26$），其中男性占总人数的 63%。35 个运动队分别为：14 支篮球队（$N=139$）、9 支排球队（$N=86$）、4 支足球队（$N=54$）、3 支冰球队（$N=44$）、2 支美式足球队（$N=60$）、2 支橄榄球队（$N=29$）、1 支曲棍球队（$N=12$）。

采用青少年体育环境问卷评估团队凝聚力。该量表包含任务凝聚力和社会凝聚力两个维度，任务凝聚力是指个人对团队在任务方面所拥有的团结程度的看法（如团队目标等），社会凝聚力是指个体对团队在社会方面所拥有的团结水平的看法（如人际关系、友谊等）。量表共 16 个条目，采用李克特 9 点计分，从 1（非常不同意）到 9（非常同意）进行评分。任务凝聚力和社会凝聚力分量表的 Cronbach's α 系数分别为 0.91 和 0.94，表明内部一致性良好。采用青少年运动体验问卷评估年轻运动员参与运动队的积极和消极发展体验。该量表含有 37 个条目，涉及 5 个维度：①个人和社交技能（14 条目）；②主动性（4 条目）；③认知技能（5 条目）；④目标设置（4 条目）；⑤消极体验（10 条目）。采用李克特 4 点量表进行评分。10 个评估消极体验的条目中包含 4 个评估教练经历的条目，本研究旨在考查团队凝聚力作为积极青少年发展的预测因子，因此将 4 个与教练相关的条目排除在分析之外。研究评估了 5 个积极青少年发展分量表的可靠性，包括改进的消极体验量表，发现其是可以接受的（Cronbach's α 系数在 0.78 到 0.84 之间）。对收集的数据进行统计分析。

研究结果显示，在个体层面，对任务凝聚力的更高感知预示着更大程度的积极青少年发展，表现为更高的个人和社交技能、主动性、目标设定和更少的消极体验。同样，对社会凝聚力的更高感知也预示着更大程度的积极青少年发展，表现为更高水平的个人和社交技能、认知技能、目标设定和更低水平的消极体验。在团队层面，拥有较高任务凝聚力和社会凝聚力的团队预示着更少的消极体验。以上结果表明，一个有凝聚力的运动队对青少年的个人发展具有重要影响力。

参考文献

Bruner M W, Eys M A, WILSON K S, et al. Group cohesion and positive youth development in team sport athletes[J]. Sport, Exercise, and Performance Psychology, 2014, 3(4):219-227.

案例 3　团队规范对凝聚力和运动表现关系的影响

Patterson 等人在 2005 年开展了一项研究，旨在考察团队规范对凝聚力和运动表现关系的影响。他们招募了来自 24 个大学和俱乐部级运动队（篮球、排球、曲棍球、足球、无挡板篮球、摔跤、划船、游泳、田径、壁球、羽毛球和啦啦队）共 298 名运动员参与研究，其中包括 112 名男性、186 名女性。运动员年龄从 18 岁到 32 岁不等（$M=20.58$，$SD=1.92$），参与运动队年限为 1～6 年（$M=2.10$，$SD=1.40$）。一个团队中的最少受访者人数为 5 人，每个团队的平均受访者人数为 12.4 人。

参与运动员完成了团队规范问卷，团体环境问卷，以及与比赛、练习、非赛季训练相关的感知运动量表。其中，团队规范问卷用以评估团队规范的集体期望强度。问卷共包含 52 个条目，重点关注比赛、练习、休赛期和社交场合的规范。例如，在调查比赛中的规范时，参与者会收到以下提问："如果你这样做，有多少队友会批评你"，然后，调查人员提出了 16 种情形，涉及对出勤率规范期望（4 个条目，如"没有准时参加比赛"）、注意力（4 个条目，如"在比赛中的重要时刻注意力不集中"）、努力程度（4 个条目，如"在比赛中没有尽力而为"）和支持性行为(4 个条目,如"在比赛进行得不好时没有保持团结")。采用 11 点李克特量表进行评分。经验证,该量表各分量表的内部一致性良好。团体环境问卷用于衡量运动员对任务凝聚力和社会凝聚力的感知。具体来说,该量表包含 4 个用于衡量凝聚力的子量表:团体任务吸引力(评估单个团队成员对参与团体任务的感受,如"我对获得的上场时间不满意")、团体社交吸引力(评估单个团队成员对其个人接受度以及与团体的社交互动的感受,如"我的一些最好的朋友在这个团队中")、团体任务一致性(评估单个团队成员对团队内围绕团体任务的相似性、亲密性和凝聚力的感觉,如"我们的团队团结一致,努力实现其绩效目标")、团体社交一致性(评估单个团队成员对团队内部作为一个整体的相似性、亲密性和凝聚力的感受,如"我们的团队想在非赛季共度时光")。采用 9 点计分,子量表的分数越高,团队内部凝聚力的感知就越高。最后,采用感知运动量表衡量运动员在比赛、练习以及非赛季训练中所付出的努力。对收集的数据进行统计分析。

研究结果显示,具有更强的社交互动规范和更高的团队社会凝聚力(即团体社交一致性)团队的运动员报告了最佳表现,而以较低的社会凝聚力和较强的社会互动规范为特征的团队中运动员报告了最差的运动表现。与任务相关的规范和任务凝聚力与自我报告的运动表现无关。综上所述,团队社交情境中的社交规范影响了凝聚力与自我报告的运动表现的关系,部分支持了更高凝聚力和更强的团队规范与更好的运动表现相关的理论命题。然而,没有发现与任务相关的规范会影响凝聚力与运动表现关系。团队凝聚力、团队规范和运动成绩之间的相互关系是复杂的,值得进一步研究。未来研究人员可考虑通过额外的调节变量(如任务类型等)、进行更大样本量的多层次分析、考虑团队规范对凝聚力的影响等来继续这一方向的研究。

参考文献

PATTERSON M M, CARRON A V, LOUGHEAD T M. The influence of team norms on the cohesion-self-reported performance relationship: A multi-level analysis[J]. Psychology of Sport & Exercise, 2005, 6(4):479-493.

二、应用案例

案例 1　韩国排球项目团队凝聚力对运动表现影响的案例分析

案例

排球是一项起源于美国，并很快流行于全球的隔网对抗项目。排球运动需要队员之间配合默契，相互信任。随着现代体育科学的飞速发展和训练手段的不断更新，高水平运动员的体能和技战术差异日益缩小。团队凝聚力对球队的管理、技战术的训练以及最终比赛成绩的取得有着不容忽视的作用。在运动队中，如果群体凝聚力高，成员的目标一致、队员之间配合默契，在比赛中则更容易取得良好的比赛成绩，甚至能战胜实力强于自己的对手。团队凝聚力不仅有助于群体的维持和发展，也影响着群体目标和目的的实现，但当团队凝聚力过强时，团队之间的监督功能就会被削弱，这依旧会降低运动队的运动表现。

问题分析

团队凝聚力指的是团队成员之间相互吸引、相互协作以及对团队或组织目标的认同与追求等动态过程。良好的团队凝聚力对于促进队员之间的信任、合作以及提高运动队的运动表现具有重要作用，而且对于团队潜能的发挥有很重要的作用。由于排球运动的特点和要求等种种原因，与其他体育项目相比，排球运动需要形成一定的团队凝聚力，从而提高运动表现。但团队凝聚力过强也有可能会导致队伍监管功能缺失，导致运动表现下降。

原因分析

(1)体育运动中的团队凝聚力通常被认为可以促进运动表现，教练员经常参与活动以培养更高水平的凝聚力，减少团队内部的冲突，从而提高个人层面(运动员)和团队层面的表现。

(2)过高凝聚力会导致运动队时间浪费以及与目标有关的问题和沟通问题，还会导致个人注意力下降、任务承诺减少、社会隔离和社会依恋问题。

三 应用建议

(1)培养具有专业知识的球队经纪人：在球队有许多新球员或没有经验的教练的情况下，迅速促进球员之间的凝聚力对建立一个成功的球队尤为重要。负责球队管理的人需要在组织流程和举措上投入大量资金，如聘请顾问、改善现场设施，以鼓励高质量的球员互动和球员-教练的互动，从而促进团队凝聚力的形成。

(2)尽量减少团队凝聚力带来的负面影响：教练员可以灵活、精心计划有效的团队活动，同时想方设法将新队员融入集体。

参考文献

PARK S, KIM S, MAGNUSEN M J. Two sides of the same coin: Exploring how the bright and dark sides of team cohesion can influence sport team performance[J]. International Journal of Sports Science & Coaching, 2022, 17(3):519-531.

案例 2　啦啦操团队凝聚力的应用案例

案例

啦啦操运动起源于美国，现今已有一百多年的历史。啦啦操是在音乐或者口号的衬托下，借助标语、道具等表达手段，通过展示各种具有强烈鼓动性、感染性的动作形式，以调动观众情绪来支持本队为目标的一项体育运动，其最重要的特征就是追求“最高团队荣誉感”，是一项需要极强团队凝聚力的运动。在啦啦操练习和训练过程中，针对性地培养最佳的团队凝聚力，对于提高该项目的运动成绩和感染力具有迫切的现实意义。

问题分析

运动团队凝聚力是运动团队成员之间心理结合力的总体，是运动团队成员在目标、情感和行为上的整合力量，它深刻影响着体育训练效果和比赛成绩。运动团队凝聚力既是表现运动团队团结力量的概念，又是表现参与运动的个人心理感受的概念。运动团队凝聚力对于运动队的比赛成绩具有重要影响，尤其是对啦啦操等团队项目。但在面临不同的目标和任务时，运动队的团队凝聚力往往会受到很多因素的影响。

啦啦操运动需要极强的团队凝聚力。啦啦操运动在我国处于起步阶段，现阶段对于啦啦操各方面的研究都比较少，但是随着啦啦操运动在我国的不断发展，需要不断探索针对啦啦操运动项目不同方向的研究，尤其是有关团队凝聚力的方面。

原因分析

(1)运动团队的外部环境对团队的发展起着重要的作用：对于啦啦操队，团队目标和面临的任务，领导能力，以及团队受重视程度、奖励激励制度等方面，都会对啦啦操队的团队凝聚力产生重要的影响。如果所确定的目标不符合实际，以至无法达到，势必削弱队员的运动动机，影响团体凝聚力。目标定得具体明确有助于激发队员的斗志，也有助于团队把有限的时间和精力投入到最见成效的任务上，更有效地提高运动水平。

(2)运动团队的内部因素对于团队凝聚力的发挥起着决定性作用：团队内人际关系、团队的表现和成绩、团队稳定性和人数以及队员和教练等，都是影响啦啦队团队凝聚力发挥的重要因素。

应用建议

(1)制定明确、现实的团队目标和任务：明确、具体、有针对性、可执行的目标和任务是形成啦啦操团队凝聚力的重要基础，能否把团队目标和队员个人目标很好结合是团队能否成功的关键。

(2)改善团队人际关系：采用各种方法来建立教练与队员、与其他人员之间人际关系，建立良好的信任关系来提高团队凝聚力。

(3)建立激励、奖励机制：能给其成员以较多回报的群体，凝聚力会逐渐变强。团队完成每一个阶段小目标后都应该得到适当的表扬、鼓励和奖励，以激发啦啦操队员的运动动机，提高竞技水平。

(4)注重教练员管理水平和风格：教练员应该努力提高各个方面的水平，形成符合自己特点和队员情况的执教风格，并且以民主、平等的态度管理队伍。

参考文献

吴蓉蓉，林锦清.啦啦操运动团体凝聚力影响因素[J].泉州师范学院学报，2006，24(6)：124-128.

案例3　排球团队凝聚力案例分析——以我国男子甲级排球队为例

案例

现代体育运动集体项目中，要取得比赛的最后胜利，既要靠精湛的个人技术，更要靠团队的协作配合。排球作为一项集体隔网对抗性运动项目，团队精神是比较突出的。高水平排球比赛中，各球队之间除了比技、战术及队员的身体、心理素质之外，更重要的是比队员之间的团结程度。随着运动员的职业化和社会化程度的加强，只靠思想教育来培养球队内部的凝聚力是远远不够的，因此各球队在日常训练、管理过程中有必要加强对团队凝聚力的重视程度。

问题分析

排球运动中的团队凝聚力是一种动力过程，它反映出一个球队成员为实现其目标而甘苦与共、齐心协力的倾向。以前的排球运动队只有教练员和运动员，随着现代竞技运动水平的不断提高，对现代球队提出了更高的要求。现代的排球运动队中不仅包括教练员、运动员，还包括科研人员、体能教练、心理辅导人员等。随着团队人员的增加，团队凝聚力就更显得重要。凝聚力强的排球队，其成员"归属感"强，内部人际关系融洽、和谐，能显示出旺盛的活力和强大的战斗力。

团队凝聚力在球队夺冠过程中扮演着重要角色，同一般群体的凝聚力相比，运动团队凝聚力具有更突出的作用，这在排球项目中尤其明显。因为一个排球队承担着明确的任务目标，承受着巨大的比赛压力，需要有一定强度的团队凝聚力来相互支持比赛任务完成。新、老中国女排之所以能蝉联世界冠军，除了她们具有很高的技战术水平外，很重要的因素是她们是一个团结的集体，具有很强的凝聚力，在各种逆境中都能表现出高昂的士气和良好的精神面貌。团队凝聚力是加强团队表现的重要因素。但由于影响球队和球员的因素过多，因此团队凝聚力也极易受到影响。

原因分析

(1)队员间的训练和交往时间不长,彼此了解不够深入。排球队的磨合期是其走向成熟的重要标志,但很多球队的队员来自不同的地区,不同的家庭背景、生活习惯也使得队员彼此的交流变得困难。

(2)运动等级的高低影响着运动员对球队任务、目标的认识。随着高水平比赛经历的丰富,队员在每一次比赛过程都能体会到自己能力的发挥、自我价值的表达,并认识到成功是球队的全体队员努力拼搏的结果。

应用建议

(1)我国各排球运动队应确定核心队员,围绕核心队员加强人际沟通,尽可能组织非训练性质的集体活动,培养队伍内部和谐气氛,改善队内交往凝聚力水平。

(2)运动队应该多为替补运动员提供比赛锻炼机会,队内训练过程中,设置同一司职位置角色的互动组,强化队员比赛时所必需的互补意识。对主力队员与替补队员做统一要求,尊重替补队员,使每一位队员都能感受到集体的力量。

参考文献

[1]张萍,杜宁.我国男子甲级排球队团队凝聚力水平现状分析[J].成都体育学院学报,2007,33(6):68-72.

[2]黄世光.排球运动中现代团队凝聚力的培养研究[J].广州体育学院学报,2010,30(3):118-120.

第十四章 教练员的领导与管理

本章围绕教练员的领导与管理专题选取了三项研究案例和三项应用案例。研究案例介绍了教练领导、同侪领导力与青少年运动员的社会心理和团队成绩之间的关系研究，教练员的仆人式领导力对运动员道德发展和团队信心的影响研究，以及变革型领导对运动员离队意愿的影响研究，为体育社会心理学领域研究者提供研究思路和方法借鉴。应用案例介绍了球类项目教练员家长式领导的应用案例，高校篮球高水平运动队教练员领导行为对团队效能作用的案例，以及乒羽教练员领导方式对运动员竞赛焦虑作用的案例，为运动心理学领域实践工作者提供应用参考。

一、研究案例

案例 1　教练领导、同侪领导力与青少年运动员社会心理和团队表现之间的关系

变革型领导理论为检验教练领导、同侪领导与团体项目运动员的个人及团队表现之间的关系提供了框架。Price 与 Weiss 在 2013 年开展了一项研究，旨在运用变革型领导理论考察同侪和教练的领导行为与运动员成绩之间的关系。

研究参与者为 412 名女性青少年足球运动员，年龄从 14 岁到 18 岁不等（$M=15.9$，$SD=0.98$）。她们有 9 年的足球比赛经验（$M=9.4$，$SD=2.3$），在目前所在的球队踢球 3.5 年（$SD=2.2$），跟随目前的教练踢球 3 年（$M=2.6$，$SD=2.0$）。参与运动员包括高加索人（84.7%）、西班牙裔（6.3%）、多民族（4.1%）、亚洲（3.2%）、非裔美国人（0.7%）和其他（1.0%）。共有 41 支球队参与本次研究，

每支球队平均有10名球员参与(范围为4～18)。选择该样本有两个主要原因。首先,足球队代表了一个相互依存的环境,由教练和运动员组成,他们共同努力实现一个共同目标。其次,青春期女性重视与教练和同伴的关系,这可能会影响团队成员对其运动经历的看法。

参与者完成了评估教练和队友变革型领导行为、感知能力、内在动机、享受度、团队凝聚力和集体效能的问卷。具体而言,研究采用多因素领导力问卷(MLQ-5X)来评估教练和同侪领导行为。该量表由36个条目组成,分为变革型、业务型和自由放任型领导行为。变革型领导力包括理想化影响、鼓舞人心的动机、智力刺激和个性化考虑分量表;业务型领导衡量奖赏、主动异常管理和被动异常管理行为;自由放任型领导评估如回避决策或在需要时缺席等行为。MLQ-5X使用从0(完全没有)到4(经常,如果不是总是)的5点量表来评估领导者每种行为的频率。运动员完成了两次评估:第一次评估主教练的领导行为,第二次评估他们认定为团队领导的队友的领导行为。此外,采用3个条目评估了运动员在俱乐部踢足球的享受度(如"在这支球队中踢足球有多有趣")。采用5分制评分,从1(完全没有)到5(非常)进行评分。采用青少年自我感知运动分量表来评估运动员的感知能力;采用运动动机量表评估内在动机。采用群体环境问卷(group environmental questionnaire,GEQ)来评估团队的任务和社会凝聚力。任务凝聚力由9个条目组成,是指团队成员对团队合作实现共同目标的看法(如"我们的团队团结一致,努力实现绩效目标")。社会凝聚力由9个条目组成,指的是团队成员对群体的亲密、统一与和谐的看法(如"我的一些最好的朋友在这个团队中")。参与者以9分制回答问题,从1(非常不同意)到9(非常同意)进行评分。最后,采用运动集体效能问卷评估运动员对未来团队表现的信心程度,从0(完全没有信心)到10(非常有信心)进行评分。以上量表均具有良好的信效度。最后,研究者对收集到的数据进行统计分析。

研究结果显示,教练领导行为比同侪领导行为更能积极影响个人和集体效能,同侪领导比教练领导与社会凝聚力的关系更密切,同侪领导和教练领导对任务凝聚力同样重要。教练和运动员领袖是运动队的重要组成部分。体育是一个丰富的环境,有效的领导可以促进青年的积极发展。总之,该研究结果为变革型领导理论是解释同侪和教练领导与运动员成绩之间关系的一种手段提供了部分支持。

参考文献

PRICE M S, WEISS M R. Relationships among coach leadership, peer leadership, and adolescent athletes' psychosocial and team outcomes: A test of transformational leadership theory[J]. Journal of Applied Sport Psychology, 2013, 25(2):265-279.

案例 2　教练员的仆人式领导力对运动员道德发展和团队信心的影响

作为体育管理领导力研究的新兴主题之一，仆人式领导力侧重于促进个人成长和道德发展。仆人式领导注重分享权力，尊重自下而上的投入，并致力于卓越发展和成就，其更适合当前的组织理念和目标，因为仆人式领导者优先考虑成员福利，并将成员的需求、兴趣和目标放在自己之前。Kim 等人构建了一个理论模型，旨在考察教练员的仆人式领导力对运动员道德发展和团队信心的影响。研究假设如下：①主教练的仆人式领导行为正向影响运动员的道德发展；②主教练的仆人式领导行为正向影响运动员对团队成果的信心；③教练-运动员关系质量在教练的仆人式领导行为与运动员道德发展之间发挥中介作用；④教练-运动员关系质量在教练的仆人式领导行为与运动员对团队成果的信心之间发挥中介作用。

为了检验教练的仆人式领导行为在竞技体育环境中的影响，Kim 等人选择了美国全国大学体育协会一级足球队和男子篮球队的学生运动员作为目标人群。在获得机构审查委员会的批准后，收集了足球和篮球赛季的数据。研究者通过电子邮件联系每个运动队的教练和通讯专家来招募参与者，电子邮件地址是从官方运动网站的工作人员清单中获得的。在邮件中介绍了本研究，包括在线调查的链接，知情同意书和问卷，并请收件人与他们的学生运动员分享链接。最终，347 人完成了调查（响应率为 48.8%）。其中，足球队 261 人（75.2%），篮球队 86 人（24.8%）。按年级划分的构成如下：大一学生生，$N=108$（28.9%）；大二学生，$N=145$（38.8%）；大三学生，$N=58$（15.5%）；大四学生，$N=53$（14.2%）；研究生，$N=10$（2.7%）。平均而言，学生运动员在现任主教练的带领下已经训练 21 个月。

问卷包括 4 个部分：仆人式领导、教练-运动员关系质量、学生运动员成绩

(即道德发展和对团队成果的信心)和人口统计。采用Liden等人修订的7条目仆人式领导力量表测量仆人式领导力。采用对教练的承诺和对教练的信任两个维度衡量教练-运动员关系的质量,对教练的承诺通过领导力承诺量表中的3个题目评估,对教练的信任通过领导力信任量表的4个题目评估。采用运动员满意度调查问卷,向参与者询问了他们对队友道德立场的满意度。采用运动集体效能问卷调查参与者对团队成果的信心。最后,研究包括几个关于人口统计信息的条目,如运动项目、种族和与现任主教练的训练时间。除演示图形上的条目外,所有条目均采用李克特5点量表进行评分(1=非常不同意,5=非常同意)。每个结构的Cronbach's α 在0.81到0.88之间,表明内部一致性良好。AVE值范围为0.51～0.61,反映结构效度良好。研究者对收集的数据进行统计分析。

研究结果显示,教练-运动员关系质量在教练仆人式领导与运动员道德发展之间发挥部分中介作用,并在教练仆人式领导与运动员对团队结果信心的关系中发挥完全中介作用。Kim等人2018年的这项研究为仆人式领导行为的积极影响提供了实证支持,并使对教练-运动员关系质量在教练领导力研究中所起的作用更易于理解。

参考文献

MINJUNG K, YUKYOUM K, DOYEON W. From commanding to serving athletes: Nurturing the coach-athlete relationship[J]. International Journal of Sports Science & Coaching, 2018:174795411879081.

案例3 变革型领导对运动员离队意愿的影响

高校高水平运动队对于我国培养高水平运动员至关重要。目前,教练员是我国高校运动队最直接的管理者,其管理风格和管理方式直接影响着运动员的心理。Wang和Hu于2017年开展了一项研究,他们以高水平大学足球队为研究对象,探讨变革型领导对运动员离队意愿的影响,同时,考察了教练-运动员关系的中介作用。研究假设如下:①高水平大学足球队教练员变革型领导行为对运动员离队意愿有显著负向影响;②高水平大学足球队教练员的变革型领导行为对教练员-运动员关系具有正向影响;③教练员-运动员关系与运动员离队意愿呈负相关；④变革型领导通过教练-运动员关系的中介作用显著降低运动员离队意愿。

研究对象是中国高水平的大学足球队，以“球队”为抽样单位，在2016年全国大学生足球联赛期间进行整群抽样，来自9所高校（四川大学、西南财经大学、南昌大学、中南大学、南京航空航天大学、重庆大学、同济大学、华南理工大学、香港城市大学）的225名高水平足球运动员被选为受访者。受访者均为男性，大一学生62人，大二学生49人，大三学生41人，大四学生27人，研究生3人。共发放问卷225份，回收有效问卷220份，问卷回收率为97.78％。回收的问卷中，剔除无效问卷38份，剩余182份可用于数据分析。因此，问卷有效率为82.72％。

采用22条目变革型领导行为问卷测量教练员的变革型领导行为。问卷中的所有条目均以“主教练会……”开头。例如，“主教练会勾勒出我们感兴趣的未来蓝图”“主教练会鼓励我们成为团队的一员”“主教练执教风格选取会考虑我们的个人需求”。所有条目均使用李克特5点量表计分。采用Wong等人开发的下属-主管关系量表评估教练-运动员关系。该量表由8个条目组成，包括“训练和比赛后，我经常与教练互动”“训练和比赛后，我与教练的兴趣和爱好几乎相同”等问题。采用Arnold等人编制的量表来衡量离队意向。该量表由3项组成，包括“我经常想到退出团队”等问题。研究中使用的所有量表均使用统计分析软件SPSS（17.0版）进行了Cronbach's α 系数检验。结果表明，变革型领导力、教练员-运动员关系和离队意愿的Cronbach's α 系数分别为0.96、0.85和0.65，均大于0.60，因此可靠。使用因子分析验证量表的有效性，结果表明，变革型领导、教练-运动员关系和离队意愿的因子载荷均大于0.50，删除任何一个问题项都不会显著提高量表的可靠性。此外，3个量表解释的累积方差分别为70.28％、66.13％和59.46％。因此，所有3个量表都被认为具有令人满意的效度。

研究结果显示，变革型领导与教练-运动员关系、变革型领导与离队意愿之间的相关系数分别为 $r=0.44(p<0.01)$ 和 $r=-0.40(p<0.01)$，而教练-运动员关系与离队意愿之间的相关系数为 $r=0.25(p<0.05)$。结果表明，具有变革型领导风格的教练对降低运动员离队意愿和增强教练-运动员关系具有显著影响。教练-运动员关系在教练变革型领导行为与运动员离队意愿之间发挥中介作用。

参考文献

WANG Y, HU T. Transformational leadership behavior and turnover intention in china physical education[J]. Eurasia Journal of Mathematics, Science and Technology Education, 2017, 13(9):6357-6368.

二、应用案例

案例1 教练员的领导行为——球类项目教练员家长式领导的案例分析

案例

足球、篮球、排球等球类集体项目在我国和全世界都有很大的影响力和参与基础,此类项目群众关心、国家关切,是世界上衡量体育强国的重要标志。在运动队管理实践中,教练员在运动队中不仅只有单一的教练身份,同时也扮演着其他不同的角色,影响着运动员的人格以及整个团队的生活,甚至会影响到球队的比赛成绩。在中国文化背景下,组织中往往存在着较为鲜明的层级区分,即使是在运动团队中,由于身份和权利的不同,运动员和教练员之间也在一定程度上存在着较为明显的层级关系。教练员的家长式领导行为在一定程度上有利于增加球队队员之间的亲密性,但也存在着降低球员与教练员之间信任的负面影响。

问题分析

(1)球类集体项目运动员和教练员在完成训练和比赛任务时互依性很强,对相互间合作的要求极高,但对于这一类特殊组织,球队的组织管理问题也是制约球队竞技水平的重要因素之一。

(2)球类集体项目中,家长式领导方式影响球队发展:家长式领导是基于中国传统文化而又有别于西方领导理论的本土领导理论,广泛存在于各种类型的华人组织中,是中华文化下组织的普遍特征。家长式领导指的是在一种人治的氛围下所表现出来的严明纪律与权威、父亲般的仁慈及道德廉洁性的领导方式,主要包括3个重要的维度,即权威、仁慈及德行领导。

促进球队竞技水平的提高需要考虑多方面的因素，教练员的领导行为也是其中的一个重要因素。有效把握最适合球队发展的最适宜的教练员领导行为，对于促进球队竞技水平的提升至关重要。

原因分析

(1)在球类集体项目的运动训练过程以及管理实践中，教练员与运动员之间的互动程度远远高于其他组织，日常生活、训练、比赛都在一起，年龄偏小的运动员通常会将教练员当作其父辈来看待；而对于教练员来讲，其可通过关爱运动员，为运动员在学业、生活和训练上提供帮助等行为彰显仁慈领导。对运动员来讲，通常面对教练员对他们所付出的关爱，会通过言听计从，努力训练，在比赛中获取成绩等形式进行积极回报。

(2)对于运动团队来讲，教练员通常会通过自身渊博的专业知识、辉煌的运动经历和成就等资历树立其在运动员心目中的威严，进而获取运动员对自身能力的信任，以便使运动队的训练任务和目标计划达到预期效果。

解决方式

(1)建议教练员在球队管理实践中将恩威并济的家长式领导行为向施恩为主的领导行为转变。

(2)在与运动员进行有效沟通的基础上，进一步保留并强化教练员的印象，为运动员提供高质量、高水平的指导和服务。

参考文献

于少勇，卢晓春，侯鹏.球类集体项目教练员家长式领导行为与团队信任的关系[J].武汉体育学院学报，2018，52(8)：73-77.

案例 2　高校篮球高水平运动队教练员领导行为与团队效能关系的案例分析

案例

教练在运动团队中是一个很重要的角色，是训练过程中的直接领导者，是培养优秀运动员和提高运动员技战术水平的因素，也是影响运动员竞技能力表现的关键。运动员与教练员的相处时间有时候比跟父母相处的时间还长，教练员除了运动技能的指导外，还要对运动员的生活和学业进行安排和管理，扮演父母的角色。高校高水平运动员是否能很好地适应高校的学习与生活是其心理健康发展水平的一个重要标尺，也是运动员能否继续参加训练和比赛的因素之一，更是决定了运动队的团队效能以及运动表现。如今，越来越多国内的顶尖职业篮球运动员、中国国家队篮球运动员退役后回到基层担任教练，而运动员也希望能从教练员身上吸收到更专业的篮球训练与指导内容，以提升自己的篮球水平。在平时的训练与比赛过程中，教练员的不同的领导行为会对运动队的团队绩效产生直接影响，从而影响整体运动队的成绩表现。

问题分析

(1)高校高水平篮球运动队的运动表现与团队效能息息相关：篮球是一种集体类项目，其运动表现需要球员之间相互配合协调。篮球队的团队凝聚力、团队效能越强，越能对变化多端的比赛场景做出准确的反应。篮球队员之间的默契配合也离不开篮球运动队的团队效能。

(2)教练员的领导行为是影响团队绩效的重要因素：教练员是带领竞技运动员的领航者，是直接影响运动员成绩的重要人物。在篮球队中，教练员对运动员的领导行为与团队效能息息相关。当运动员接收到教练给予的信息，经过与教练、团队的互动及内化的过程，最终形成整个团队效能。因此，适宜的教练员领导行为能够使相关高水平运动队在训练及管理上得到提升，提高高校高水平运动队的训练效果，为国家培养出更多的篮球高水平人才。

原因分析

(1)“专制行为”教练员的领导行为会导致团队的整体绩效下降：教练员展现专业的训练与指导行为，并时常关怀运动员训练时、训练外的生活起居，多给予一些运动员发挥的空间与自主性，少一点专制部分的指导，这样的教练员领导方式与团队在训练时的满意度、团队训练效果以及运动员个人专项技能提升息息相关。

(2)运动员最关注教练的训练与指导行为和奖励行为：这两个部分是提升团队效能最重要的部分，教练的专业训练与指导，再加上口头或者物质上的奖励，对于高校高水平篮球运动队的满意度、团队的训练效果以及个人的自我提升等团队绩效具有有效影响。而教练在领导中专制行为的展现，对于运动队的训练、比赛以及绩效提升是没有帮助的。

解决方式

（1）教练员必须时刻充实自己的训练水平及内涵，能够与时俱进，多与同行或同类型的教练员进行交流，参加国内外篮球教练的技能培训，或者邀请篮球专项领域以外的专家协同合作。

（2）过多的专制行为可能会导致整个团队与教练员之间发生隔阂，产生不信任感甚至厌恶，进而影响整个训练及比赛；但一个完全没有威严的教练员也是无法整合一支优秀的运动队的，适度运用威严与专制，既是历练教练员的执教经验，也是考验教练员的领导和管理水平。

参考文献

朱东，徐炜泰，周子文.我国高校篮球高水平运动队教练员领导行为与团队效能关系研究[J].成都体育学院学报，2017，43(5)：108-114.

案例 3　乒羽教练员领导方式与运动员竞赛焦虑的案例分析

案例

竞赛焦虑是指在比赛的特定情境下产生的一种情绪变化，是运动员在比赛期间对当前的或能预计到的、具有潜在威胁的情境所产生的担忧倾向。运动表现与焦虑水平存在密切联系，过高的焦虑水平不利于运动表现。运动员的竞赛焦虑受到运动员自身特质、项目特征和环境等多方面因素的影响。其中，教练员领导方式与运动员竞赛焦虑关系最为密切。运动员感知到的教练员行为能够预测他们的竞赛焦虑水平，从而影响到他们的运动表现。

问题分析

（1）运动员竞赛焦虑与运动表现存在密切联系：运动员的焦虑水平与运动成绩普遍存在负相关关系，教练员的赛前指导可以有效降低运动员的认知焦虑，教练员在赛前的积极反馈可以提升运动员的自信水平，进而有效缓解竞赛焦虑，提高比赛成绩。

(2)教练员的领导行为影响运动员竞赛焦虑：教练员的领导方式是指教练员在指导运动员达成训练目标的过程中所表现出的各种行为。教练员的民主行为和专制行为是最常被研究的两个维度，专制型教练员倾向于凭借个人意志执教，凡事以命令的方式要求运动员按照自己的意志进行训练比赛，运动员缺乏话语权，教练员与运动员之间是从属关系。民主型教练员在执教过程中以运动员为中心，允许运动员参与训练和比赛过程相关的决策，教练员和运动员之间是合作关系。民主型领导方式在执教过程中更多地以运动员为中心进行决策，有可能会提升运动员感受到的支持，而专制领导方式可能会增加运动员的评价焦虑。

原因分析

(1)教练员领导方式对竞赛焦虑的影响受文化背景影响：在我国传统文化语境中，教练员与运动员之间的关系在很多情境中呈现“家长式”领导关系。在我国传统家长关系中，责任感同时伴随着绝对权威性，我国运动员对专制型行为的接纳度普遍较高，某些专制行为甚至被认为是责任感的体现。与专制型教练员相比，与运动员保持合作关系，让运动员参与决策的民主型教练员行为可能会被运动员视为不够尽责，在比赛的关键场合，运动员无法从民主型教练员处获得足够的信任感支持。

(2)运动员的专项特点也会影响到教练员领导方式与竞赛焦虑之间的关系：集体性运动项目对教练员的民主行为有较高的要求，而个人项目的运动员由于更多依赖教练员指导，运动员对教练员的信任更多源自对教练员指导方式的认可，而非教练员的民主领导方式。

应用建议

(1)运动训练领域的实践者在关注教练员民主型领导方式带来的益处的同时，应注重该领导方式适用的环境，并纳入运动队的传统、运动员项目特征和运动员的人口学特征等因素，在发挥民主型领导方式优势的同时，避免这种领导方式给运动员带来不良竞技心理影响。

(2)当运动员遭遇失败时，如果教练员、队友能够根据赛场表现给予某些肯定，就可以发挥社会支持的作用，缓解运动员的竞赛焦虑。民主型领导方式的教练员以运动员为中心，主张运动员参与训练计划、训练目标的制定，这种方式有利于提高运动员的自我成就目标取向；但是在运动员处于职业生涯的初级阶段，尚未积累足够的竞赛自信时，民主型教练员领导方式不能给备战比赛的运动员提供足够的社会支持，也可能会增加运动员的竞赛焦虑感。

参考文献

王励勤，张斌.乒羽教练员领导方式与运动员竞赛焦虑：成就动机定向的中介作用[J].上海体育学院学报，2017，41(3)：75-78.

第十五章　观众效应与主场效应

本章围绕观众效应与主场效应专题选取了三项研究案例和三项应用案例。研究案例介绍了比赛地点和对手质量对五人制足球比赛成绩的影响研究，主场效应对英国单日板球联赛中板球比赛结果的影响研究，篮球运动员位置主场优势研究，这些研究为体育心理学研究工作者提供思路和方法借鉴。应用案例介绍了 CBA 联赛空场对比赛成绩影响的应用案例，CBA 联赛主场效应的应用案例，奥运会不同项群项目主场效应的应用案例，为体育心理学实践工作者提供应用参考。

一、研究案例

案例 1　比赛地点和对手质量对五人制足球比赛成绩的影响

在不同的个人运动、双人运动以及团队运动中，主场优势都是存在的。与作为客队比赛的球队相比，当球队在主场比赛时，胜利或获得积分的比例更高（>50%）。Campos 等人于 2015 年开展了一项研究，研究目的有两个：①检验比赛地点对精英五人制足球比赛成绩的影响；②根据对手的质量分析不同比赛环境下的主场优势效应（根据球队的排名差异来进行平衡和不平衡比赛）。

样本包括来自巴西五人制足球联赛（2012～2014 赛季）的 532 场比赛。主场优势效应被量化为主场获胜次数占所有比赛总获胜次数的百分比。50%的结果表明没有主场优势效应，因为主场和客场的获胜次数相同。数据收集是使用巴西五人制足球联合会网站上公布的每场比赛的最终排名进行的。选择本次联赛是因为技术水平高，它被认为是世界上最重要的联赛之一。变量是比赛结果、主场胜利、主场平局、主场失利、客场胜利、平局、客场失利和两队的进球。在锦标赛结束时，基于球队分类，根据对手的水平对比赛进行分析。为了进行这种分析，建立了平衡和不平衡的比赛。运用 k 均值聚类分析，将样本分成多个两组进行比较。共有来自巴西 3 个不同地区（中西部 $N=1$、东南部 $N=21$ 和南部 $N=37$）的 58 支参赛队（2012 年 $N=20$；2013 年 $N=19$；2014 年 $N=19$）纳入分析。

研究结果显示，无论对手的质量如何，精英五人制足球赛存在主场优势效应（63.8%）。考虑到对手质量，与实力水平相当的球队相比，不同实力水平的球队在比赛中的主场优势较小。总而言之，目前的结果表明，无论对手的质量如何，五人制足球比赛中都存在主场优势现象。

参考文献

CAMPOS F A D, PELLEGRINOTTI Í L, PASQUARELLI N B, et al. Effects of game-location and quality of opposition in futsal league [J]. International Journal of Performance Analysis in Sport, 2015, 15(2):598-607.

案例 2　英国单日板球联赛中板球比赛结果的影响因素研究

Morley 和 Thomas 在 2005 年研究了英国单日板球联赛中板球比赛结果的影响因素。他们特别关注主场效应和赛前抛硬币（以确定球队击球前后顺序）的重要性。在研究期间，18 支球队参加了板球联赛，计划在一个赛季中相互比赛一次，比赛日期从 4 月底 5 月初到 9 月中旬。一场比赛的输赢结果由得分决定。击球顺序由队长在赛前掷硬币成功后的选择决定。一些球队可能更有能力先击球并设定防守目标，而另一些球队则更喜欢追逐目标，这取决于在所有其他条件相同的情况下，他们的相对击球/防守实力。因此，赢得决定比赛击球顺序的掷硬币似乎会给球队带来优势。研究者收集的数据集包含 270 场 1996 年和 1997 年联赛赛季期间进行的比赛，排除了 4 个平局。所有比赛信息均来自威斯登板球运动员年鉴。分析或解释所使用的数据不涉及伦理问题，这些数据是以二级形式获得的，不是通过实验产生的。

因变量被二分法定义为：1 代表主场获胜，0 代表客场获胜。相关优势比解释为主场获胜的概率与客场获胜的概率之比。在投掷硬币环节中，1 代表主队赢得投掷，0 代表未赢得投掷。ATTEN 用以衡量比赛总上座率，MEM%反映了比赛上座率由主场观众主导的趋势，计算为由主场观众占总上座率的比例。根据前面的讨论，可以假设这两者都与主场获胜结果呈正相关。在那些关键的比赛中，尤其是临近赛季末时，人群氛围更浓厚，球员压力更大。采用完善的Jennett测量评估在整个联赛背景下主队和客队比赛重要性。采用二分法定义：1为偶尔使用的主场场地（两次或更少），0为经常使用的主场场地，以考察客队对球场的性质、尺寸以及周围环境的不熟悉程度，这被假定为可能有利于主场获胜。采用二分法定义：1代表比赛因天气条件而缩短，0代表相反含义。采用二分法定义：1代表存在德比（同国家/地区的球队或者相邻地区的球队之间的对抗）比赛，0表示没有。采用二分法定义：1代表比赛在节假日举办，0代表相反含义。最后，考虑到可能影响比赛结果的其他因素，除了主场效应之外，模型中还包含了所涉及球队的质量、实力和整体实力。这些因素分别由与主队和客队累积的赛季总积分相关的变量代表，即在观察赛程之前的所有比赛中，主队（H％POINTS）和客队（A％POINTS）的累计赛季总积分占所有比赛可能取得的最大积分的百分比。

研究结果显示，主场效应似乎得到了证实，主队获胜占所有比赛结果的57％。虽然赛前赢得投掷是板球比赛的一个重要方面，但其他因素往往会决定结果，尤其是球队质量和比赛在整个联赛中对主客队的重要性。此外，研究结果还表明，考虑到板球队的出勤率和观看的性质，人群效应在很大程度上是微不足道的。

参考文献

MORLEY B，THOMAS D. An investigation of home advantage and other factors affecting outcomes in English one-day cricket matches [J]. Journal of Sports Sciences，2005，23(3)：261-268.

案例3　篮球运动员是否存在位置上的主场优势

体育运动中的主场优势一直是许多实证研究的主题，尽管这种影响背后的机制仍不清楚。在篮球等团体项目中，前人文献分析了团队层面的主客场表现。Sampaio等人则进一步调查了个人球员位置主场优势的存在。他们试图确定一个与比赛相关的统计数据的子集，这些数据可以根据每个球员的位置来区分主客场的表现。研究数据来自2004～2005年欧洲联赛的官方比赛数据。

在那个赛季，冠军争夺分 4 个不同的阶段：①常规赛，24 支球队被平均分为 3 组，进行 168 场比赛；②前 16 名球队晋级下一阶段，被分成 4 组，比赛 48 场；③前 8 名的球队参加季后赛四分之一决赛，比赛 9 场；④4 支球队进行淘汰赛，比赛 2 场。对于这项研究，研究者选择了前三个阶段的比赛，共计 225 场。

与球员有关的比赛统计数据包括：两分和三分投篮次数（成功和不成功）、罚球（成功和不成功）、防守和进攻篮板、盖帽、助攻、犯规、抢断、失误和上场时间。以上是本次比赛的所有可用变量，所有数据均由欧洲联赛的专业技术人员收集。获得的数据可靠性系数很高（$r>0.92$）。球员被细分为后卫（控球后卫和得分后卫，$N=493$）、前锋（小前锋和大前锋，$N=485$）和中锋（$N=233$）。后卫通常是球队中最矮的球员。他们被期望通过控制球并确保在正确的时间将球传给正确的球员来执行球队的进攻策略。他们的传球技巧和球场视野至关重要。因此，他们的表现通常更多地通过助攻而不是得分来衡量。但是，他们应该有一个有效的投篮命中率，并且应该是三分球的得分威胁。前锋通常在力量型和投篮型球员之间取得很好的平衡，他们通常会在抢篮板球时表现出侵略性，并在篮筐附近得分。中锋通常是球队中最高的球员，他们的位置需要利用身高得分并在靠近篮筐的地方防守。所有球员都参加了 7～12 场比赛；并且，那些参加任何比赛的时间少于 10 分钟的球员被排除在分析之外。

为了比较主客场比赛 3 个位置的相关统计数据，将每个球员的成绩除以该球员在场的时间，可得出衍生变量。采用 2×3 多因素方差分析来比较比赛场地表现（主客场）和 3 个比赛位置（后卫、前锋和中锋）之间的差异。随后，进行判别分析，以确定哪些变量在预测主客场表现方面更有效。研究结果显示，对于后卫而言，成功的两分投篮命中率、防守篮板、助攻、抢断、盖帽和犯规显著区分主场和客场表现。对于前锋而言，成功的罚球、助攻、抢断、盖帽和犯规可显著区分主客场表现。结果表明，篮球运动员在球队中的角色对主场优势的影响存在差异，主场后卫打得更自信，而客场前锋打得更自信。这些结果提供了初步证据，在团体项目中，为主场和客场比赛做准备时支持采用特定位置的方法。

参考文献

SAMPAIO J, IBANEZ S J, GOMEZ M A, et al. Game location influences basketball players performance across playing positions [J]. International Journal of Sport Psychology, 20089, 39(3):205-216.

二、应用案例

案例1 何为观众效应——CBA联赛空场对比赛成绩影响的案例分析

案例

由于突如其来的新冠肺炎疫情，许多体育赛事不得不随之调整赛制。中国职业篮球联赛(Chinese Basketball Association，CBA)联赛于2020年2月起停赛，在6月国内疫情逐渐稳定后“重启”。重启后的联赛采取赛会制，并在空场条件下完成了剩下的赛程。体育赛事的参与者不仅包括运动员和教练员，还包括赛场观众。赛场的观众效应会直接或者间接地影响到运动员竞技能力的发挥，对于篮球运动来说，适当的观众效应会更好地调动运动员的积极性和唤醒水平，从而提高运动员的运动表现。有些运动员在面对比赛中的关键时刻时，会在观众压力下“超常发挥”，同时也有一些运动员在压力下发挥失常。

问题分析

观众效应是指观众的到场对运动者的运动行为和运动成绩产生的影响。这里的影响既包括积极的观众效应又包括消极的观众效应。篮球比赛过程存在很多比赛情景，如比赛的时间进程、比分波动，观众也会有不同的反应，这些都可能引起篮球运动员的心理变化，从而可能会导致运动成绩的波动。

大量热情的观众在场会有效提高篮球运动员的兴奋性，促使他们正常甚至超常发挥，尤其是在主场比赛时，对于主场球员的帮助更大。但由于新冠疫情，CBA采取空场比赛，观众的缺少对运动员比赛时的积极性和最佳唤醒水平的出现造成了部分影响。

原因分析

(1)观众的支持行为是产生主场效应的重要因素，它甚至能够左右比赛结果。在不同比赛条件下，CBA球队比赛的主场效应有一定的差异性，空场比赛会导致主场效应减弱甚至消失，主要表现为球队主场胜率显著降低。

(2)观众是赛场上运动员的一项重要应激源，会引起运动员的应激反应，影响运动员的唤醒水平。在没有观众在场时，运动员的表现欲望和积极性会降低。空场比赛的激烈程度不如非空场比赛。

解决方式

(1)提高教练员与运动员的思想认识，加强其心理动员，无论现场是否有观众，都应积极应战。在平时的训练中，要有意识地营造良好的氛围，注重激发运动员的训练热情，培养运动员的敬业精神。做好空场比赛的心理准备，注重激发运动员的比赛欲望、求胜欲和心理唤醒水平。

(2)篮球赛事组织方可以在空场比赛现场利用电子大屏幕，增加远程图像和弹幕互动，采用5G技术让更多的"云观众"进入球员和教练员的视野。

参考文献

宋良元，程晨，康江辉，等.疫情防控常态化背景下空场比赛对CBA球队现场表现的影响[J].河北体育学院学报，2022，36(2)：15-21.

案例2　主场效应的作用——CBA联赛主场效应的案例分析

案例

竞技体育比赛中的主场优势是客观存在的，一般认为，在主客场平衡制的比赛中，主队在比赛中取胜的概率高于50%。随着竞技体育的快速发展，主场优势已成为影响竞技比赛的重要因素。现如今，已有许多研究涉及主场效应，但是在CBA联赛中，关于主场效应的考察还较少。CBA联赛是现今中国最高级别的篮球联赛，对我国职业篮球运动的发展具有重要的影响，但CBA联赛主场效应并没有最大限度地发挥出来。

问题分析

主场效应是指在主场比赛时获胜概率高于客场的现象。对于球队来说，在自己的主场进行比赛，不管是观众还是场地等因素都对自己有利，因此也更容易取得良好的成绩。在世界竞技体育高度发展的背景下，主场效应已成为影响竞技比赛成绩的重要动态因素。了解和把握主场优势，有利于为主客场球队的训练提供方法。CBA 联赛的主客场制表明比赛中必然会出现主场效应。主队如何将主场优势发挥到最大，以及客队如何克服环境等都需要科学的指导。

原因分析

（1）在环境优势、裁判优势和观众如虹气势之下，运动员更愿意在主场比赛，在比赛中更多表现为积极的攻击行为，容易超常发挥，在困难面前勇往直前甚至以弱胜强。

（2）客队经过长途跋涉到达异地，更容易分心，并伴随身体疲劳、睡眠和饮食障碍。

解决方式

（1）各个球队在了解联赛主场效应的基础上，在主场比赛中针对性配备“特长队员”，充分发挥其主场优势。

（2）在主场比赛本队领先的情况下，充分把握主场效应突出的得分点；在客场本队领先的情况下，要设法抑制对手的主场效应得分点。这样可以“因胜负场而异”地针对性制定比赛应对策略。

参考文献

石磊，隗金水.2015～2016 年 CBA 联赛总体主场效应技术指标判别分析[J].广州体育学院学报，2017，37(6)：84-87.

案例 3　奥运会不同项群项目主场效应的案例分析

案例

奥林匹克运动会是国际奥林匹克委员会主办的世界规模最大的综合性运动会，每四年一届，会期不超过 16 日，是世界上影响力最大的体育盛会。在奥运会举办期间，各个国家和地区用运动交流各国文化，切磋体育技能，其目的是鼓励人们不断进行体育运动。主场效应普遍存在于运动竞赛中，但作为综合赛事的奥运会也同样存在主场效应。历届奥运会，主办国总体项目的优势都为正效应，而且东道主国家获得的金牌数无一例外都超过上届奥运会。但不同项群的运动项目在奥运会中可能具有不同效果的主场效应。

问题分析

在主客场制的运动竞赛中，人们发现运动员在主场比赛时获胜的概率超过一半，这种现象被称为主场效应（又称主场优势）。比赛场地、饮食和气候对比赛的影响相对较少，特别是大型国际赛事对比赛场地等相关设施都有严格统一的标准，运动员一般都能快速调整适应。旅途的劳顿可能对客队运动员的表现有一定影响，特别是在跨时区的旅途后，若没有充分休息调整就进入比赛，客队运动员难以处于最佳状态。因此，主场效应在竞技体育中是一种常见的现象。

但是，不同项目有着不同的主场效应。田径项目的主场优势不明显，但田径实力越差的主办国，在这些项目上的主场效应越明显。技能主导同场对抗类项群的主场效应强于体能主导类项群的主场效应，主要体现为主场优势。

原因分析

(1)主场效应与运动表现的关系：观众行为对主客场运动员而言都是高强度的应激源，运动员会自然地表现出应激反应，运动员的不同应激反应对其行为表现产生不同的影响，由此产生了主场效应。主场观众狂热的支持行为为主队运动员制造了一种易被感染的环境氛围，使他们处于高的情绪唤醒状态。也就是说，主场的气氛可能会影响主场运动员对自我和比赛的认识，并进一步影响他们在比赛中的行为表现。

(2)奥运会不同项群项目的主场效应：奥运会不同项群项目的主场效应存在差异。技能主导类唯美项群和技能主导类准确性项群的项目对认知策略有极高要求和有高度的内省需要，所以非常容易受主场因素的影响；技能主导格斗对抗类项群的项目强调进攻型和高的即时策略要求，所以对主场因素也很敏感；技能主导同场对抗类项群和技能主导隔网对抗类项群对策略也有较高要求，但责任相对分散或避免了面对面的对抗，所以敏感性相对低一些。

应用建议

(1)不同运动项目的主场效应的特征还应综合考虑比赛的阶段、项目水平差异、观众状态的变化等因素。

(2)两届奥运会间的时间间隔长达 4 年，这其中必然有很多主场外的因素影响着主办国的最终成绩。也就是说，主办国最终成绩的进步可能不仅仅是比赛现场的主场氛围造成的。而且，用金牌来衡量主场效应是比较单一的，应综合考虑总的奖牌数和排名等。

参考文献

殷小川.奥运会不同项群项目的主场效应研究[J].武汉体育学院学报，2009,43(4):62-66.

第十六章　运动中的攻击与暴力

本章围绕运动中的攻击与暴力问题选取了三项研究案例与三项应用案例。研究案例介绍了运动员暴力形式与运动领域内所呈现的暴力形式之间的关系研究，中国竞技运动员的攻击性情绪、信念、行为和认知调查研究，运动员对愤怒相关刺激的反应研究，为体育心理学研究工作者提供了思路和方法借鉴。应用案例介绍了职业篮球球迷暴力案例，足球赛场球迷骚乱和暴力的案例，以及青少年运动员攻击行为案例，为体育心理学和社会心理学实践工作者减少运动员和青少年攻击与暴力行为提供应用参考。

一、研究案例

案例 1　运动员暴力形式与运动领域内所呈现的暴力形式之间的关系

Guilbert 在 2006 年开展了一项研究，旨在探究运动员所施加的暴力形式与运动领域内所呈现的暴力形式之间是否存在差异。研究重点关注来自篮球、乒乓球、空手道、游泳和射击 5 个项目的 300 名男性运动员，他们的平均年龄为 25.5 岁，$SD=4.7$。每个运动项目有 60 名运动员，按级别划分，其中包括国家级运动员 30 名，地区/地方级运动员 30 名。83%运动员有 5～15 年的运动经验；也就是说，他们有真正的现场经历，他们可以准确地描述他们在运动中所呈现和施加的暴力形式。这些运动员来自法国东部大斯特拉斯堡地区约 40 家体育俱乐部。

暴力通常被认为是“禁忌”，而且通常不容易口头解释。研究者向受访者分发匿名问卷，它包括 92 个问题，涉及 93 个变量，经过预测试，主要涉及 5 组指标。第一组旨在客观化体育领域的暴力，第二组旨在客观化利害关系对体育暴力的影响，第三组旨在客观化运动人群中的暴力，第四组旨在客观化形态属性对体育运动的影响，第五组旨在客观化社会属性对暴力的影响。为了建立运动中的暴力与从事运动的人之间的关系，研究者将注意力转向与问卷中每一项相关的指标。问卷包含的主要指标是暴力形式，应该反映运动领域或运动员所呈现的暴力性质或状态，次要指标包括与法规、安全的关系等，即所有与暴力密切相关的现象。问卷通过量表来比较各种运动中暴力形式的频率和程度。

对数据进行统计分析。研究显示：①运动员所施加的暴力形式与运动领域内所呈现的暴力形式之间存在同源性；②暴力形式的频率和程度相互关联，显著区分运动；③暴力形式及程度的交叉匹配表明，其在“软暴力”运动、“非暴力”运动、“严重暴力”运动中分布不均。目前，暴力形式是否可以作为运动场内的“特定资本”是值得研究的。然而，这样的主张将意味着承认在某些市场上拥有此类资本的人将被允许从中获得物质和(或)象征性收益。因此，要实现这一目标，研究者不仅要关注体育领域内的利害关系及其对暴力产生的影响，还要关注其对运动员个人利益的影响。

参考文献

GUILBERT S. Violence in sports and among sportsmen: A single or two-track issue? [J]. Aggressive Behavior, 2006, 32(3):231-240.

案例 2　中国竞技运动员的攻击性情绪、信念、行为和认知

绝大多数考察竞技运动员攻击性情绪、信念、行为、认知和突发事件之间相互作用的研究都聚焦于西方人群，并且只针对特定的运动项目(如冰球)，而涉及东方运动员，尤其是中国运动员的研究出人意料的稀少。因此，Maxwell 等人于 2009 年开展了一项研究，以探究中国竞技运动员的攻击性情绪、信念、行为和认知。具体而言，研究攻击性、愤怒、愤怒控制、感知攻击合法性、挑衅频率、运动类型相关的挑衅的反应及竞赛水平之间的关系。研究者提出如下研究假设，高水平感知攻击合法性、愤怒、攻击性和挑衅性将与团队运动相关，特别是像橄榄球这样的碰撞运动。但对于个人运动(如壁球)，这些得分较低。足球和篮球的得分中等。此外，除愤怒控制之外的所有变量之间均呈正相关关系，

而愤怒控制被预测为与其他变量呈负相关。

研究者从香港招募了 471 名参与竞技运动的中国学生和社区居民。主要从 4 项运动中招募：篮球（$N=106$）、足球（$N=184$）、橄榄球（$N=82$）和壁球（$N=99$）。之所以选择这些运动，是因为这些运动攻击性行为的发生率相对较高，且这些运动在香港相对更受欢迎。此外，橄榄球是一项碰撞运动；篮球和足球是接触性运动；壁球是一项个人非接触性运动，但这 4 项运动都有可能发生身体对抗。参与者年龄范围为 14～56 岁（$M=25.20$，$SD=8.94$）。伦理许可由机构审查委员会授予，所有参与者均提供知情同意书。

采用竞赛愤怒和攻击性量表测量运动员的竞赛愤怒及攻击性。该量表由 12 个条目组成，其中 6 个条目测量攻击性，6 个条目测量愤怒。运用李克特 5 点计分，从 1（几乎从不）到 5（几乎总是）进行评分，分数越高表示攻击性和愤怒程度越高。采用运动行为量表衡量运动员对运动中攻击性行为合法性的看法。采用运动挑衅行为问卷评估受访者经历挑衅的频率（如"在您参与的竞赛中，对手是否经常使用攻击性手势"，从 1＝"从不"到 5＝"几乎总是"进行评分）以及相关愤怒的强度（如"当对手使用冒犯性手势时，您会感到多生气"，从 1＝"完全不生气"到 5＝"非常生气"进行评分）。采用状态/特质愤怒表达量表测量参与者状态愤怒、特质愤怒以及愤怒表达情况。其中，状态愤怒分为感觉、身体、口头，特质愤怒测量脾气和反映。愤怒表达包括愤怒外化表达、愤怒内化表达、愤怒外在控制、愤怒内在控制。对收集到的数据进行统计分析。

研究结果显示，中国男性运动员的愤怒和攻击性行为与西方运动员相似。愤怒、攻击性、愤怒表达和挑衅之间呈正相关关系，与愤怒控制之间存在负相关关系。不同的运动项目在感知攻击合法性、攻击性、愤怒、挑衅频率、状态愤怒、特质愤怒以及愤怒表达方面存在显著差异，橄榄球相较于其他运动得分较高，而壁球相对于其他运动得分普遍较低。但运动心理学从业者应该意识到一些潜在的重要差异，如中国运动员不赞成攻击行为的普遍倾向。

参考文献

MAXWELL J P, VISEK A J, MOORES E. Anger and perceived legitimacy of aggression in male Hong Kong Chinese athletes: Effects of type of sport and level of competition[J]. Psychology of Sport and Exercise, 2009, 10(2):289-296.

案例3 运动员对愤怒相关刺激的反应

越来越多的研究发现，运动员的攻击性水平高于非运动员。Xia 等人于 2019 年开展了一项研究，以调查运动员对愤怒相关刺激的反应是趋向行为（如攻击）还是回避行为（如逃避）。具体而言，首先采用 Buss-Perry 攻击性问卷调查运动员和非运动员的攻击性行为水平。然后，参与者执行了一项人体模型任务（一种衡量趋避行为的范式），同时获得了脑电图记录，以比较非运动员与运动员对愤怒相关刺激的反应及相关的大脑活动。研究假设，与非运动员相比，运动员的攻击性得分更高，更倾向于趋向与愤怒相关的刺激，这反映了更短的反应时间和更低的事件相关电位值。

共有 30 名参与者参加了实验，其中运动员组有 15 名参与者，非运动员组有 15 名参与者。15 名运动员均为国家二级运动员，平均篮球或足球运动经验为 9.7 年（男性 8 人；平均年龄为 20.7 岁，$SD=1.9$）。之所以选择这两项运动，是因为这些项目中的运动员被广泛认为更具攻击性，更情绪化。15 名非运动员没有常规运动经验，他们与运动员的年龄和性别相匹配（8 名男性；平均年龄为 21.3 岁，$SD=1.9$）。所有参与者均来自上海体育学院，均为右利手，视力正常或矫正至正常。所有参与者均提供了知情同意书。

采用中文版状态-特质愤怒表达问卷（含状态愤怒量表、特质愤怒量表和愤怒表达量表）评估参与者愤怒水平。其中，状态愤怒量表包含 3 个维度，分别是：①愤怒感觉；②愤怒言语；③愤怒动作。特质愤怒量表包含 2 个维度，分别是：①愤怒气质；②愤怒反应。愤怒表达量表包含 4 个维度，分别是：①愤怒内部表达；②愤怒外部表达；③控制内部表达；④控制外部表达。量表各维度的内部一致性良好。Buss-Perry 攻击性问卷基于李克特 5 点量表，从 1（经常适用于我）到 5（从不或几乎不适用于我）进行评分，用于评估攻击性水平。该量表包含 29 个与攻击相关的陈述，涉及 4 个攻击分量表，即身体攻击、言语攻击、愤怒的情绪或情感、敌意。每个分量表都显示出较高的内部一致性和良好的可靠性。

研究使用了 110 个刺激词（50 个与愤怒相关的词、50 个中性词和 10 个仅用于练习的词）。首先，参与者被要求完成状态-特质愤怒表达问卷和 Buss-Perry 攻击性问卷。然后，他们被指示完成人体模型任务，这是一项刺激-反应兼容性任务。人体模型由 1 个圆圈代表头部，1 条线代表身体，4 条线代表每条胳膊和腿。人体模型高约 1.3 cm，宽约 0.9 cm。参与者可以通过按“8”键使人体模型向上移动,并可以通过用右手中指按“2”键使其向下移动。首先,屏幕中央出现一个注视点。参与者被要求用中指按“5”键,直到需要按“2”或“8”来移动人体模型。750 ms 后,一个与愤怒相关的词或一个中性词出现在屏幕中央。该任务包含两个条件:对于愤怒趋向条件,参与者被指示将人体模型移向与愤怒相关的词并远离中性词;对于愤怒回避条件,指令是相反的(即要求参与者将人体模型移向中性词并远离与愤怒相关的词)。愤怒趋向条件和愤怒回避条件的顺序在参与者之间得到平衡。在人体模型任务期间记录大脑活动。该任务包含两个区组,每个区组包含 100 次试验,且两种类型单词出现的次数相同。反应时间记录在单词出现和响应之间。对所有数据进行处理分析。

研究结果表明,与非运动员相比,运动员在问卷中的身体攻击性明显更高。运动员组在愤怒趋向条件下的反应时间明显短于愤怒回避条件。运动员组在愤怒趋向条件下诱发的电位振荡活动显著低于在愤怒回避条件下。这些发现可能表明,当存在与愤怒相关的刺激时,运动员更有可能表现为趋向行为,而高水平的行为趋向动机可能引发攻击性行为。

参考文献

XIA X, ZHANG J, WANG X, et al. The approach behavior to angry words in athletes—A pilot study[J]. Frontiers in Behavioral Neuroscience, 2019, 13:117.

二、应用案例

案例 1　运动中的暴力行为——职业篮球球迷暴力案例分析

案例

从古时中美洲到古希腊、古罗马再到古中国,体育暴力现象层出不穷,尤其是战争年代的社会,体育暴力被视为国力的表现形式。现代体育暴力包含了激情、野性和竞争的要素,承载了赛场内运动员和教练员、赛场外观众的情感、压力和能量,是宣泄和缓解压力的特殊途径。近年来,随着我国职业篮球的不断发展，职业篮球比赛中出现的暴力行为也不断增加。球迷暴力是我国职业篮球联赛既定存在的一个客观事实，但如果超越了合理性和稳定性的范围并出现“过火”现象，就会异化为“流氓化”。

问题分析

球迷暴力是在比赛前、中、后时期内，球迷以语言攻击或身体伤害等行为对他人造成精神、身体、物质、经济等损害，是一种违背体育道德，具有社会危害性的行为。球迷暴力代表了球迷的一种期待，对于行使暴力的球迷而言，希望自己支持的球队能够获得胜利，同时也期待裁判对队员宽松判罚，在发现现实与理想之间存在差异时，就会采取一些不恰当的行为来表达自己的期待与诉求。

球迷暴力是球迷带有强力感情依附，与他人进行互动和沟通的交流方式。球迷暴力似乎已经成为职业篮球联赛的影子，虽然近年来随着中国篮协实体化改革的推进，我国职业篮球联赛对球迷暴力的管理制度取得了一定成效，但并未从根本上解决这个问题。

原因分析

(1)我国职业篮球球迷暴力行为既受传统习惯影响，也受社会经济、政治、文化场域力量的掣肘。传统文化习惯对竞争的弱化，导致竞争意识的薄弱和球迷心态的失衡。

(2)球迷暴力是篮球场域内失范的集群行为，场域的特殊性导致法律干预困难，受法不责众心理影响，极易形成暴力。

解决方式

(1)摆脱陋习，培养球迷正确的竞争观和得失观：让球迷群体对竞技体育本质形成正确认识，意识到任何竞赛都具有不确定性，而胜败乃是竞技体育常态，使球迷能理性对待竞技体育结果，进一步培养球迷“胜不骄败不馁”的心态。再者，应对球迷的狂热崇拜行为进行引导，趋利避害。既要发扬和传播具有积极社会影响的崇拜现象，又要对球迷崇拜导致的消极影响予以规避。

(2)加大法律干预，加强篮球场域的反球迷暴力立法：制定专门的法律法规，以对球迷暴力进行针对性处罚；对体育规则冲击较小且是个体处于无意识状态下发生的暴力行为，优先按体育场域的相关条例处理，确立免责事由；而对恶意破坏的球迷流氓行为，在无合理依据且违背体育场域规则和精神的基础上，应按照法律场域的规范追究个人刑事责任。

参考文献

邢金明，武圣博，周鹏，等.社会实践理论下我国职业篮球球迷暴力成因与规制策略[J].体育与科学，2019，40(1)：90-96.

案例 2　足球赛场球迷骚乱和暴力的案例分析

案例

足球自诞生以来，给人们带来了无尽的欢乐与精神鼓舞，它几乎被社会各个方面、各个阶层普遍接受，并且成为社会生活的一部分。然而，足球赛场中的球迷骚乱和暴力行为的出现，给这项运动蒙上了阴影。世界各国的球迷暴力事件时有发生，英德足球流氓更是臭名昭著，就连赛场纪律一向比较严明的我国，从 20 世纪 80 年代开始，也出现了球迷骚乱和暴力事件。例如，1985 年中国足球史上最为严重的“5・19”暴力事件；又如，2002 年 3 月 24 日，发生在西安的球迷骚乱事件，该事件不仅使西安主队失去了主场资格，给俱乐部带来了严重的经济损失，还给社会带来了严重的负面影响。足球暴力像瘟疫一样在世界各地蔓延，它不但违背了足球运动的宗旨，还危及了人们本身的安全。

问题分析

(1)足球骚乱与暴力行为频发：自从有体育运动以来，体育运动就伴随着激烈性、对抗性。通常，人们认为竞技体育是和平时代“没有硝烟的战争”。足球被认为是最“野蛮”的项目之一，也是经常发生体育暴力事件、充满血腥的运动项目。

(2)球迷骚乱：骚乱是群体行动的一种常见形式，是一种暴力和破坏欲的集体爆发。骚乱的产生常常是因为环境的突然刺激及愤怒、惊恐或受其他冲动的驱使所致。骚乱的程度常因环境刺激的性质及阻碍人们愿望满足的状况而定，如果刺激或环境状态严重，骚乱则有可能发展为暴乱。在足球场上，从球员到观众，为了球队的胜负输赢或者是为了自己球队的比赛成绩，双方球迷容易发生一些暴力行为。进入 20 世纪 80 年代后，我国的球场观众暴力行为也逐渐开始显现出来。

原因分析

(1)集群行为导致球迷骚乱:集群行为是指在相对自发的、无组织的、不稳定的情况下,因为某种普遍的影响和鼓舞而发生的行为。这种集群行为一旦失去社会控制,极易发生骚乱和暴力。每个球迷都有自己所喜爱的球队。一般来说,他们对于代表一定团体、地域、民族、国家的足球运动员(队)有强烈的归属感,立场坚定,旗帜鲜明,特别是那些涉及民族利益和国家威望的重大比赛,更容易激发他们高涨的民族意识和爱国情感。球队的输赢都牵动着球迷的心。球迷对自己所喜爱的球队,只盼望赢,而不愿看到失败的结局。在这种心理的驱使下,一旦有暂时的落后,就很难从失落状态下自拔,进而形成集群行为,导致球迷骚乱和暴力行为。

(2)环境与场所诱发集群行为:足球赛场是一个特殊的场所。球迷的心态随着比赛在变化,感情和情绪也在不断被激发,工作和生活中的烦心暂时都放在了脑后,没有了自控,没有了约束。在比赛中处于兴奋状态下的球迷,其自控能力被削弱,因此极易发生骚乱和暴力行为。

解决方式

(1)足协、俱乐部和球迷协会要坚持不懈地做好球迷工作,引导球迷正确看球。不论是足协、俱乐部,还是球迷协会,都要认真引导球迷能够以平常的心态去看球,要教育球迷树立良好的精神文明形象,做文明观众,加强与球迷的沟通,使球迷能真实地了解自己的球队。

(2)新闻媒体要正确、如实地做好桥梁工作。新闻媒体是球迷了解、掌握球队的主要渠道,因此,各新闻媒体在宣传、报道上要把握尺度,引导球迷理智、客观、文明看球,切忌误导、煽情、激化球迷情绪。

参考文献

[1]赵建安,张鲲.足球赛场球迷骚乱和暴力成因的社会心理学探析[J].西安体育学院学报,2003,20(6):112-114.

[2]石岩.我国足球场观众暴力:现状与问题[J].北京体育大学学报,2004,27(8):1013-1015.

案例 3　青少年运动员攻击行为案例分析

案例

随着我国体育运动职业化进程逐渐步入正轨，社会各界对职业比赛的关注空前高涨。但是，近年来赛场上屡见不鲜的暴力事件，不仅阻碍了我国职业体育改革进程，甚至给社会大众特别是未成年群体身心发展造成了不良影响。攻击行为是影响运动员身心发展（运动成绩、人格发展、社会适应等）的重要因素，也是衡量运动员心理素质和心理健康的重要指标。特别是青少年运动员，作为奥运战略、体育强国的接班人和生力军，促进青少年身心健康发展显得尤为重要。

问题分析

运动员攻击行为是指运动员在训练、比赛中故意伤害他人，并给他人的身体和心理带来伤害的行为，包括身体、心理、言语等任何形式的伤害行为。攻击行为主要指向教练员、队员以及他队队员。攻击行为是影响运动员身心发展（运动成绩、人格发展、社会适应等）的重要因素，也是衡量运动员心理素质和心理健康的重要指标。

近年来，赛场攻击性行为频发，给青少年运动员带来了极大的影响。体育运动是一种促进青少年身心发展的有效手段，但近年来频发的赛场攻击性行为，如运动员在比赛中故意伤害他人、两队运动员之间发生冲突等现象，给未成年群体，尤其是青少年运动员的身心发展造成了不良影响。因此，急需探讨如何合理规避这种现象的发生，促进其健康成长。

原因分析

（1）正确的冲突应对策略是减少父母冲突负面影响的重要途径，青少年运动员感知到的父母正确应对冲突方式可影响运动员日后对类似冲突情景的应对。

（2）运动道德推脱是影响青少年运动员攻击行为的更近端因素，要想在短时间抑制青少年运动员不良行为的出现，优先对青少年运动员进行正确的道德认知评估干预，可能是减少青少年运动员攻击行为行之有效的手段之一。

解决方式

(1)良好的家庭氛围可以有效减少青少年运动员的攻击性行为：良好的家庭氛围，尤其是父母感情和睦、冲突水平较低，会影响青少年运动员在比赛中的攻击性行为。家庭氛围较好的青少年运动员，幸福感较高，在训练和比赛中更倾向于有效识别外界信息，规避攻击性行为的发生。

(2)适当对青少年运动员进行德育教育：在青少年运动员的训练和比赛过程中，适当对其进行德育教育，形成正确价值观以及优秀的品德。高道德的青少年运动员，在日常训练和比赛过程中会对教练员与其他队员之间的冲突进行理性思考，从而减少攻击性行为的发生。

参考文献

郭正茂，杨剑.父母冲突对青少年运动员攻击行为的影响：基于运动道德推脱的中介与调节作用[J].成都体育学院学报，2018，44(6)：97-103.